Einfach. Selbst. Gemacht.

NEUE LIEBLINGSREZEPTE JEDEN TAG

thermomix

LIEBE LESERINNEN UND LESER,

wir – das Team der Thermomix® Rezeptentwicklung – freuen uns sehr, dass der Thermomix® TM6 bei Ihnen einzieht. Nachdem Sie ihn schon etwas kennengelernt haben und von seinen Funktionen begeistert sind, können Sie ihn nun täglich nutzen. Mit diesem Buch möchten wir Ihnen Lust machen, loszulegen und auf kulinarische Thermomix® Entdeckungsreise zu gehen. Ob einfache Klassiker für jeden Tag, nicht alltägliche „Wow"-Rezepte oder exklusive neue Highlights für den Thermomix® – eines haben alle gemeinsam: Sie müssen kein Kochprofi sein, um sie zuzubereiten, denn jedes Gericht wird Ihnen perfekt gelingen. Egal, ob für wenige oder viele Esser, für Menschen mit speziellen Ernährungsgewohnheiten, für große Feste oder für den Alltag: Mit Thermomix® wird Ihre Küche noch bunter, vielfältiger und zugleich einfacher!

An diesem Buch haben wir in einem internationalen Team aus Rezeptentwicklern mit viel Sorgfalt und Leidenschaft gefeilt. Wir alle waren uns einig, dass es ein ganz besonderes Buch werden sollte, das über die simple Zusammenstellung von Rezeptklassikern hinausgeht. Wenn Sie es nun beim Durchblättern kaum erwarten können, sich auf Cookidoo® zu registrieren, um das erste Rezept auszuprobieren, dann ist es uns gelungen, auch Sie vom Thermomix® zu begeistern! Die Kapitel sind thematisch strukturiert: neue Ideen für die Alltagsküche, Rezepte fürs Wochenende, zum Entspannen und Vorausplanen, Inspirationen, mit denen Sie bei besonderen Anlässen Eindruck machen können, und viele Vorschläge passend zu Jahreszeiten und Feiertagen. Außerdem geben wir Ihnen in den Kochschulen auf die Rezept-Inspirationen abgestimmte Profi-Tipps, um Sie über das Kochen hinaus zu unterstützen.

Aber nicht nur sämtliche Rezepte dieses Buchs gehören zu Ihrem Thermomix® TM6, sondern Tausende weitere, die ebenfalls auf unserem digitalen Rezept-Portal Cookidoo® zu finden sind. Darüber hinaus gibt es eine bunte Fülle interaktiver Thermomix® Inspirationen für Sie zu entdecken. Ob Rezeptwelt, Facebook, Instagram ... unsere Online-Communitys laden zum Austausch und zum Mitmachen ein. Und mit unserem Newsletter bleiben Sie immer auf dem Laufenden.

Herzlich willkommen in der Welt von Thermomix®!

Ihre Thermomix® Rezeptentwicklung
Thermomix® Deutschland

Inhalt

Bevor Sie *starten …*

Ab jetzt mit Thermomix®!

Thermomix® TM6 – weil Kochen Freude macht, wenn alles super klappt und das Ergebnis begeistert! Was braucht man für das perfekte Gericht? Ein gutes Rezept ist auf jeden Fall schon einmal die Basis. Dann macht Kochen glücklich, das Essen schmeckt – und mit der Familie und Freunden später noch am Tisch zu sitzen und zu plaudern, ist der reinste Balsam für die Seele.

EINFACH, AUTHENTISCH, EFFEKTIV – LECKER!

KOCHEN MIT NATÜRLICHEN ZUTATEN

Natürlich

Mit Thermomix® stellen Sie Saucen, Joghurt, Kekse, Konfitüren oder Müsli selbst her. Füllen Sie in Zukunft Ihre Küchenschränke und den Kühlschrank mit selbst hergestellten Vorräten auf – ganz einfach und ohne unerwünschte Zusatzstoffe. Bei Mahlzeiten, die Sie selbst zubereiten und kochen, wissen Sie, was drin ist. **Mit Thermomix® werden Ihnen die Rezepte sicher gelingen!**

FREIHEIT IN DER KÜCHE

Kreativ

Werden Sie in der Küche kreativ, denn Kochen kann so viel Spaß machen! Mit Thermomix® kochen Sie unkonventionell und selbstbewusst. Auch knifflige Gerichte gelingen garantiert – und mit viel weniger Aufwand als bisher. Zum Supermarkt gehen, weil Sie keine Mayonnaise mehr haben oder den Lieferdienst für den Pizzaabend mit den Kindern anrufen? Das ist gar nicht mehr nötig, denn Mayo und Pizza sind rasch selbst gemacht. Sie können Ihre Freunde beeindrucken, auch wenn Sie kein Kochprofi sind. Entscheiden Sie, ob Sie sich ganz genau an ein Rezept halten, davon abweichen oder kreativ kochen: **Thermomix® ist Ihr perfekter Partner!**

DEN MOMENT LEBEN

Zeit sparen

In unserem oft so stressigen Alltag ist Freizeit eines der größten Luxusgüter. Wie schön, nach Hause zu kommen und auf der Couch zu entspannen, ein Buch zu lesen und mit den Kindern zu spielen, ohne auf die Uhr zu sehen. Schon allein deswegen ist es ein echter Gewinn, wenn Sie Zeit beim Kochen sparen – zum Beispiel, indem Sie Aufgaben wie das Rühren von Risotto oder Milchreis Ihrem smarten Küchenhelfer überlassen. **Und solange Thermomix® Ihr Essen zubereitet, genießen Sie die gewonnene Zeit!**

HILFE IN DER KÜCHE UND DARÜBER HINAUS

Einfach

Mit einem Fingertipp: Greifen Sie komfortabel vom Display Ihres Thermomix® TM6 auf das digitale Rezept-Portal Cookidoo® zu. Alle Rezepte verfügen über die Guided-Cooking-Funktion, die Sie Schritt für Schritt durch das Rezept leitet. Videoanleitungen und Bilder unterstützen Sie bei der Zubereitung. Und Cookidoo® hat noch mehr zu bieten, um Ihnen den Alltag zu erleichtern: Speichern Sie Ihre Lieblingsrezepte, erstellen Sie Ihre Wochenplanung unter „Meine Woche" oder erstellen Sie Ihre Einkaufsliste und legen Sie Ihre persönlichen Rezeptlisten an. Und das Beste: Sie haben von überall Zugriff: **Ihrem Thermomix®, Computer, Tablet oder Smartphone!**

GEZIELT EINKAUFEN, WENIGER ABFALL

Nachhaltig

Saucen, Joghurt, Smoothies, Kekse oder Geburtstagstorten – einmal mit Thermomix® selbst hergestellt, möchte man sie nicht mehr fertig kaufen. Sie schmecken besser, sind einfach zubereitet und Sie sparen darüber hinaus noch Geld. Gleichzeitig können Sie Lebensmittelabfall vermeiden: **Verarbeiten Sie zum Beispiel Möhrengrün zu einem Pesto, verwerten Sie Reste aus dem Kühlschrank zu einer köstlichen Quiche oder verwenden Sie reifes Obst für Eiscreme und Milchshakes.**

Cookidoo&You!

Kennen Sie folgende Situationen?

- Sie sind gerade von zu Hause ausgezogen und tun sich mit dem Kochen noch schwer.
- Ihre Tochter möchte ab sofort nur noch vegetarisch essen.
- Der Apfelbaum im Garten hat Sie dieses Jahr mit einer reichen Ernte beschenkt.
- In einer Woche müssen der Kindergeburtstag, das Sportfest und das gemeinsame Grillen mit den Nachbarn organisiert werden.
- Sie bekommen 15 Gäste zum Abendessen …

Was Sie brauchen, sind gute Rezeptideen und die Gewissheit, dass diese Ihnen garantiert gelingen und allen schmecken.

Kein Problem mehr für Sie, dank Thermomix® TM6 und Cookidoo®!

DIE FUNKTIONEN IHRES THERMOMIX® TM6

TOUCHSCREEN

Alles an einem Ort

Über den Touchscreen können Sie auf alle Funktionen und Modi des Thermomix® zugreifen und sich direkt mit Cookidoo® verbinden.

COOKIDOO®

Rezeptvielfalt mit Gelinggarantie

Mit Ihrem Thermomix® TM6 können Sie via WLAN direkt auf Cookidoo® zugreifen. Wählen Sie aus Tausenden Rezepten mit Gelinggarantie. Videoanleitungen und Bilder bei kniffligen Rezepten oder für den richtigen Handgriff unterstützen Sie bei der Zubereitung. Und jetzt ran an Thermomix® – es gibt so viele Rezepte zu entdecken!

CLEVER KOCHEN

Guided-Cooking macht´s möglich

Thermomix® leitet Sie dank der Guided-Cooking-Funktion Schritt für Schritt durch die Rezepte. Zeit, Temperatur und Drehzahlstufe sind bereits voreingestellt; Thermomix® übernimmt das Kochen. Auch Gerichte, die sonst viel Übung oder Geschick erfordern, gelingen mit Leichtigkeit. Trauen Sie sich!

KOCHEN AUF BIS ZU 4 EBENEN

All-in-one

Mit Thermomix® kochen Sie auf verschiedenen Ebenen, z. B. eine Tomatensauce im Mixtopf, Reis oder Kartoffeln im Gareinsatz, Gemüse im Varoma®-Behälter und Fleisch oder Fisch im Varoma®-Einlegeboden. Hört sich prima an, oder? Ist es auch, denn so kochen Sie bequemer, schneller, energieeffizienter und dazu nährstoffschonend.

KOCHEN BEI HOHEN TEMPERATUREN

Für intensiven Geschmack

Hohe Temperaturen ermöglichen das Anbraten von z. B. Fleisch oder Zwiebeln, um Röstaromen und vollen Geschmack in Suppen, Saucen und Fleischgerichte zu bringen. Und Naschkatzen dürfen sich auf Karamell und Bonbons freuen.

AUF THERMOMIX® IST VERLASS

So gelingt's

Seien Sie absolut sicher, dass das Risotto perfekt wird, die Sauce keine Klümpchen bekommt und alles auf den Punkt optimal gart. Mit dieser Gewissheit kocht es sich doch gleich viel entspannter! Mit Thermomix® TM6 lässt sich die Temperatur präzise steuern, damit Sie z. B. Gerichte schonend erwärmen, Schokolade schmelzen oder Sauce Hollandaise zubereiten können.

PERFEKTES ZUBEHÖR

Nützlich und vielseitig

Das Thermomix® Zubehör ist so durchdacht, dass Sie es vielseitig verwenden können. Mit dem Spatel können Sie nicht nur den Mixtopf leeren, sondern z. B. auch den Gareinsatz entnehmen. Der Rühraufsatz schlägt Eiweiß und Sahne perfekt auf, mit dem Gareinsatz können Sie Eier kochen oder Reis und Nudeln abseihen. Und dank Spritzschutz wird verhindert, dass heißes Gargut bei der Zubereitung aus dem Mixtopf herausspritzt.

Ihr Thermomix® TM6

Ihr Thermomix® TM6 ist perfekt ausgestattet. Er verfügt über 12 Funktionen und ersetzt so eine Vielzahl anderer Küchengeräte.

Varoma®
Der Varoma® wird aufgesetzt, um frisches Gemüse, Fleisch, Fisch oder Süßes (ja, auch Kuchen und Desserts!) sanft und einfach im Dampf zu garen. Er setzt sich zusammen aus Varoma®-Behälter, -Einlegeboden und -Deckel.

Mixtopfdeckel
Der Deckel des Thermomix® TM6 ist ein wesentlicher Bestandteil der integrierten Sicherheitsfunktionen. Er muss aufgesetzt und die Verriegelungsarme geschlossen sein, damit der Thermomix® startet.

Mixmesser
Das Mixmesser rührt bei niedriger Drehzahlstufe, mixt bei mittlerer Drehzahlstufe (2–4) und zerkleinert bzw. püriert bei höheren Drehzahlstufen. Beim Einschalten der Funktion ⟲ wird die Drehrichtung umgekehrt und so empfindliches Gargut schonend gegart.

Gareinsatz
Lebensmittel, die im Gareinsatz gekocht werden, kommen nicht mit dem Mixmesser in Berührung und können so perfekt gegart werden. Der Gareinsatzdeckel garantiert gleichmäßiges Garen im Dampf.

Praktisch: Alle Teile des Thermomix®, mit Ausnahme des Grundgeräts, **sind spülmaschinenfest.**

Spatel
Die Form des Spatels ist perfekt auf den Mixtopf angepasst. Mit dem Spatel leeren Sie den Mixtopf und entnehmen den Gareinsatz.

Spritzschutz
Der Spritzschutz verhindert, dass der Mixtopfinhalt bei der Zubereitung herausspritzt.

Messbecher
Der Messbecher wird in den Mixtopfdeckel eingesetzt und dient als praktisches Maß für die Menge von 100 ml.

Rühraufsatz
Mit dem Rühraufsatz schlagen Sie Saucen und Cremes auf und Eiweiß oder Sahne steif.

Mixtopf
Der Thermomix® TM6 verfügt über einen Mixtopf aus Edelstahl mit integrierter Heizung. Die maximale Füllmenge von 2,2 l darf nicht überschritten werden!

Waage
Wenn Präzision und Genauigkeit gefordert sind, können Sie sich auf Thermomix® und seine integrierte digitale Waage verlassen.

Heizung
Das effiziente und präzise Heizsystem ermöglicht die Zubereitung von Speisen für höchste Ansprüche.

Thermomix®: Mehr als Kochen

Thermomix® TM6 ist nicht nur eine multifunktionale Küchenmaschine, sondern der perfekte Alltagshelfer in der Küche! Nach dem Kauf gibt es noch Vieles für Sie zu entdecken. Mit unseren Services unterstützen wir Sie bei Fragen und inspirieren Sie regelmäßig mit kreativen Rezepten. Freuen Sie sich darauf: Dank Thermomix® sparen Sie Zeit, meistern aufwendige Gerichte und wissen immer, welche Zutaten Sie verwenden!

MIT RAT UND TAT ZUR SEITE

Ihre Thermomix® Repräsentant*in steht Ihnen immer unterstützend zur Seite. Sie haben keine Thermomix® Repräsentant*in? Auf **www.thermomix.de/tr** stellen wir gerne Kontakt zu einer Thermomix® Repräsentant*in in Ihrer Nähe her. Alternativ können Sie sich auch in einem unserer Vorwerk Stores beraten lassen – eine Übersicht, in welchen Städten Sie Vorwerk Stores finden, haben wir auf **www.thermomix.de/stores** für Sie bereitgestellt. Unseren Kundenservice erreichen Sie unter: 0202 564 3000 oder **kundenservice@vorwerk.de**

COOKIDOO® – DIGITALE REZEPTINSPIRATIONEN

Auf Cookidoo®, dem digitalen Rezept-Portal von Thermomix®, finden Sie stetig neue Rezeptvorschläge. Stöbern Sie durch unseren digitalen Rezeptschatz und lassen Sie sich inspirieren. Tausende von Rezepten mit Gelinggarantie stehen Ihnen direkt auf Ihrem Thermomix® TM6 sowie auf Ihrem Computer, Tablet oder Smartphone zur Verfügung.

DER THERMOMIX® KOCHKURS

Haben Sie noch Fragen im Umgang mit Thermomix® oder möchten Sie neue Tipps und Rezepte kennenlernen? In unseren Thermomix® Kochkursen erfahren Sie, wie Sie Ihren Thermomix® TM6 optimal nutzen. Hier treffen Sie andere Thermomix® Fans und haben die Möglichkeit, sich auszutauschen.

UNSERE THERMOMIX® KOCHBÜCHER

Egal, ob Sie Ideen zu einer bestimmten Ernährungsweise wünschen, zum Backprofi werden oder sich mit einer Länderküche beschäftigen möchten – wir haben stets das passende Kochbuch für Sie! Unsere Kochbücher enthalten wertvolle Hintergrundinformationen mit vielen Tipps und

erklärenden Bildern. Eine Übersicht aller Kochbücher finden Sie unter **www.thermomix.de/shop** oder fragen Sie Ihre Repräsentant*in, welches Kochbuch exklusives Gastgeberpräsent ist – dieses erhalten Sie als Gastgeber*in gratis für ein Erlebniskochen bei Ihnen zu Hause!

DAS THERMOMIX® MAGAZIN

Das Magazin bietet Ihnen leckerste Inspirationen für tolle Saisongerichte, Alltagsküche und Wow-Rezepte sowie Expertentipps aus unserer Thermomix® Rezeptentwicklung – natürlich mit Gelinggarantie!
Es erscheint 6-mal im Jahr im Abonnement. Hier bestellen Sie das Magazin: **www.thermomix.de/thermomix-magazin**

AUSTAUSCH MIT THERMOMIX® FANS

Unsere Community **www.rezeptwelt.de** ist ein Treffpunkt für Tausende von begeisterten Thermomix® Nutzern. Hier finden Sie viele hilfreiche Tipps und können Ihre eigenen Rezepte teilen. Im Forum können Sie Fragen stellen und sich austauschen.

MEHR INFORMATIONEN ONLINE

Folgen Sie uns auch auf
- thermomix_de
- Thermomix® Deutschland
- Einfach Thermomix®
- Thermomix® Deutschland

Und schauen Sie auch im Thermomix® Online-Shop vorbei. Hier finden Sie Zubehör, Bücher, Specials und vieles mehr:
www.thermomix.vorwerk.de/shop/

Ihr Thermomix® TM6 passt zu Ihnen

Thermomix® und Cookidoo® unterstützen Sie in der Küche – egal für welchen Anlass. Nutzen Sie Cookidoo® zur perfekten Planung und Organisation Ihrer Gerichte. Thermomix® passt zu jeder Lebenssituation: vom Kochanfänger bis zum Profikoch, vom Single bis zur großen Familie.

Cookidoo® ist das digitale Rezept-Portal, das Sie von überall aufrufen können – ob auf dem Display des Thermomix® TM6, Ihrem Computer, Tablet oder Smartphone.
Ob Sie nur ab und zu oder täglich kochen, ob Sie alles vom Speiseplan bis zur Einkaufsliste genau planen oder lieber improvisieren, ist Ihnen überlassen.

„WAS KOCHE ICH HEUTE?" COOKIDOO® HAT DIE ANTWORT

WAS IST IM KÜHLSCHRANK?

Suchen Sie anhand der Zutaten, die Sie im Kühlschrank oder in der Speisekammer haben, und Cookidoo® wird Ihnen Vorschläge für ein leckeres Gericht mit diesen Zutaten machen. Wie wäre es mit einem Zucchini-Omelette?

REZEPTSUCHE AUF COOKIDOO®

Sie laden Freunde zum Abendessen ein, die sich vegetarisch ernähren. Kein Problem für Sie, denn auf Cookidoo® finden Sie die richtigen Rezepte. Geben Sie in der Suchfunktion das Stichwort „vegetarisch" ein oder suchen Sie nach passenden Zutaten. Cookidoo® zeigt Ihnen die Ergebnisse und Sie können sich Ihre Lieblingsrezepte aussuchen. So viel ist sicher: Das wird ein leckerer Abend!

LASSEN SIE SICH VON UNS INSPIRIEREN!

Sie machen sich nicht gern selber auf die Suche? Kein Problem. Auf der Cookidoo® Startseite finden Sie unsere Themenseiten mit vielen Inspirationen zu saisonalen oder Highlight-Themen. Sie können auch durch neueste oder beliebteste Rezepte stöbern und bleiben immer auf dem Laufenden.

„MEINE WOCHE" MACHT ES IHNEN LEICHT

Adieu, mühsames Raussuchen von Rezepten und umständliche Zettelwirtschaft! In der Rubrik „Meine Woche" können Sie Ihre Rezepte wie in einem Kalender für die nächsten Tage und Wochen planen. Ihre dazu passende digitale Einkaufsliste erstellen Sie im Handumdrehen.

PERFEKT SORTIERT DANK PERSÖNLICHER REZEPTLISTEN

Erstellen Sie Ihre individuellen Rezeptlisten mit Ihren Lieblingsrezepten, z. B. „Papas Geburtstag", „Lieblingskuchen" oder „Schnelle Suppen" – so haben Sie Ihre Rezepte für bestimmte Anlässe immer griffbereit!

Ihr Thermomix® TM6 und Cookidoo® – das perfekte Duo!
Von der Planung der Rezepte über die Organisation der Einkäufe bis hin zur Lieferung der Zutaten mit dem REWE Lieferservice sind Sie bestens organisiert und Ihre Alltagsküche wird Ihnen dank Guided-Cooking-Funktion und Thermomix® Gelinggarantie viel leichter von der Hand gehen!

Thermomix® TM6 – das Multitalent

Nach einem anstrengenden Arbeitstag möchte man nicht mehr lange in der Küche stehen. Thermomix® TM6 unterstützt Sie auch hier und übernimmt viele sonst lästige Aufgaben in der Küche. Köstliche Gerichte, Dips und Saucen, Eis und Desserts gelingen ohne Mühe und machen die Zubereitung von Mahlzeiten zum reinsten Vergnügen. Aber Thermomix® kann noch mehr. Entdecken Sie die Vielfalt, lassen Sie sich inspirieren!

ALLES GRIFFBEREIT

Kochen mit Thermomix® hat so viele Vorteile: Dank modernster Technologie sind 12 Funktionen im Thermomix® TM6 vereint und ersetzen so eine Vielzahl an zusätzlichen Küchengeräten. Das bedeutet für Sie: Weniger Aufwand bei der Vor- und Zubereitung und gelingsichere Rezepte sorgen nicht nur für Zeitersparnis, sondern auch dafür, dass Sie sich ganz auf den Kochspaß konzentrieren können. So wird Kochen zum reinsten Vergnügen.

PÜRIEREN STUFE 6–10

Immer die perfekte Konsistenz für vitamingeladene Smoothies, samtige Suppen oder fabelhafte Cocktails. Zum Pürieren verwenden Sie **Stufe 6** oder höher. Wenn Sie eine kernige Konsistenz wünschen, pürieren Sie nur ein paar Sekunden lang, wenn es cremiger sein soll, dann länger. Wenn Sie heiße Inhalte pürieren, erhöhen Sie die Stufe schrittweise ansteigend bis **Stufe 9**.

MIXEN STUFE 3–5

Mixen mit Thermomix® geht einfach und schnell. Es dauert nur wenige Sekunden, einen Rührteig oder einen Dip zu mixen.

EMULGIEREN STUFE 4–5

Mit Thermomix® TM6 ist die Herstellung einer emulgierten Salatsauce oder Mayonnaise mehr als einfach (siehe „Kochschule: Saucen" auf S. 52).

DAMPFGAREN

Garen Sie im Varoma® verschiedenste Lebensmittel auf mehreren Ebenen, während Sie eine Suppe oder einen Eintopf im Mixtopf kochen (siehe Kapitel „Gewusst wie" ab S. 248). Durch das schonende Dampfgaren bleiben die Nährstoffe erhalten (siehe Kochschule: All-in-one auf S. 136).

WIEGEN

Dank der integrierten Waage des Thermomix® brauchen Sie kein weiteres Gerät, um Zutaten für Rezepte exakt abzuwiegen. Egal, ob Sie ganze Gerichte kochen, einen Kuchen backen oder nur schnell die gewünschte Menge Reis oder Nudeln abwiegen möchten.

MAHLEN STUFE 9–10

Nie mehr Vollkornmehl, bereits zerkleinerte Nüsse oder geriebenen Parmesan kaufen! Denn der leistungsstarke Thermomix® Motor und das hochwertige Mixmesser mahlen bzw. pulverisieren Nüsse, Getreide, Hartkäse oder Zucker im Nu (siehe Kapitel „Gewusst wie" ab S. 248).

RÜHREN VON SANFTRÜHRSTUFE BIS STUFE 3

Am Herd stehen und rühren – dafür fehlt vielen Menschen die Zeit und die Geduld. Wie gut, dass Thermomix® diese Aufgabe für Sie übernimmt. So gelingen perfekte Saucen, Risotto oder Milchreis ohne Stress. Der Linkslauf ↺ sorgt bei Bedarf dafür, dass Zutaten nicht zerkleinert werden.

SCHLAGEN

Mit dem Rühraufsatz können Sie schnell und einfach Sahne aufschlagen, Eiweiß steif schlagen oder eine perfekte Zabaglione herstellen. Setzen Sie den Rühraufsatz ein und stellen Sie die **Stufe 2–4** ein.

ZERKLEINERN STUFE 4–6

In Sekundenschnelle Zutaten perfekt zerkleinern: Der leistungsstarke Thermomix® zerkleinert Zwiebeln, Nüsse, Kräuter, Fleisch, Möhren, Kartoffeln und vieles mehr (siehe Kapitel „Gewusst wie“ ab S. 248). Reibekuchen gewünscht? Zerkleinern Sie 1 kg Kartoffeln in 12 Sekunden oder eine Zwiebel in 3 Sekunden. Klingt unglaublich, funktioniert aber.

ERHITZEN

Das im Mixtopf integrierte Heizsystem regelt die Temperatur präzise. Ideal für knifflige Zubereitungen mit konstanten Temperaturen. Z. B. bei Sauce Hollandaise, ohne dass das Ei gerinnt, für das Schmelzen von Schokolade oder für die Herstellung von selbst gemachtem Joghurt.

KOCHEN

Der Thermomix® Mixtopf kann nicht nur zum Mixen und Zerkleinern verwendet werden: Er ersetzt auch Ihren Kochtopf. Erwärmen, erhitzen, kochen oder dünsten – Thermomix® kocht mit präzise eingestellter Temperatur und den richtigen Rühreinstellungen. So erhalten Sie immer ein perfektes Ergebnis.

KNETEN

Der Modus „Teig kneten“ imitiert das professionelle Kneten von Teig mit den Händen durch abwechselndes Kneten im und gegen den Uhrzeigersinn. Pizzateig kann so in 2 Minuten geknetet werden!

KOCHEN NACH WUNSCH

Mit Thermomix® TM6 können Sie auf zwei Arten kochen. Entweder manuell oder Sie lassen sich mit Guided-Cooking durch die Rezepte führen. So geht´s:

1
MANUELLES KOCHEN

Mit der Kombination von nur drei Einstellungen – Zeit, Temperatur und Drehzahlstufe – führt der Thermomix® eine Vielzahl von Funktionen aus. Dadurch gelingt jedes Rezept mühelos. Beim manuellen Kochen entscheiden Sie über die Zubereitung und können Ihre eigenen Rezepte frei ändern oder neue erfinden.

Wählkreis für Zeit, Temperatur oder Drehzahlstufe antippen und mit dem Wähler entsprechend einstellen

LEGEN SIE LOS!

Zum Mahlen oder Zerkleinern geben Sie die Zutaten in den sauberen, trockenen Mixtopf, um das beste Ergebnis zu erzielen. Um Eiweiß steif zu schlagen, muss der Mixtopf fettfrei sein.

Die Wählkreise Zeit, Temperatur und Drehzahlstufe werden auf dem Display angezeigt. Tippen Sie einen Wählkreis an, um über den Wähler die gewünschte Einstellung vorzunehmen.

DIE RICHTIGE TEMPERATUR UND DREHZAHLSTUFE WÄHLEN

Temperaturen

Beim manuellen Kochen mit dem Thermomix® TM6 wählen Sie zwischen Temperaturen von 37 °C bis 120 °C:

- **37–55 °C:** schmelzen oder schonend erwärmen (z. B. Schokolade)
- **60–80 °C:** wie in einem Wasserbad erhitzen (ideal für z. B. Sauce Hollandaise)
- **80–95 °C:** Milch oder Sahne ohne Überkochen erhitzen
- **100 °C:** Suppen und Eintöpfe kochen
- **105–115 °C:** Saucen einkochen
- **120 °C:** dünsten
- **Varoma®:** Gemüse, Fleisch oder Fisch dampfgaren

HINWEIS: Höhere Temperaturen (höher als 120 °C) erreicht der Thermomix® TM6 in Rezepten, die Sie mit der Guided-Cooking-Funktion zubereiten. Diese hohen Temperaturen werden beim manuellen Kochen nicht erreicht.

Drehzahlstufen

- **Sanftrührstufe** langsames und vorsichtiges Rühren (z. B. für eine Sauce Bolognese)
- **Stufe 1–3:** Kartoffelpüree vorsichtig rühren oder weiche Zutaten zerkleinern (z. B. Feta)
- **Stufe 4–6:** zerkleinern (z. B. Zwiebeln, Möhren); emulgieren (z. B. Mayonnaise, Zabaglione)
- **Stufe 7–10:** mahlen und pulverisieren (z. B. Körner, Kaffee, Zucker); pürieren (z. B. Cremesuppen, Smoothies, Eis) oder harte Zutaten zerkleinern (z. B. Hartkäse oder Schokolade)
- **Modus „Turbo":** kurzes Zerkleinern bei höchster Drehzahlstufe
- **Linkslauf** die niedrige Drehzahlstufe (bis Stufe 3) sorgt dafür, dass empfindliche Lebensmittel beim Rühren nicht zerkleinert werden (z. B. beim Garen von Nudeln, Gulasch oder Eintöpfen)

Modi

Ein Modus vereint automatisch verschiedene Funktionen, wie z. B. Erhitzen und Rühren.

Mit dem **Modus „Erwärmen"** können Sie beispielsweise vom Vortag übrig gebliebene, flüssige Speisen, wie z. B. Saucen oder Suppen, schonend aufwärmen. Mit dem **Modus „Wasser erhitzen"** können Sie Wasser punktgenau erwärmen oder zum Kochen bringen. Sie wählen die Temperatur und der Thermomix® heizt alles punktgenau für Sie auf. Der **Modus „Vorspülen"** erhitzt und spült den Mixtopf schnell und einfach vor, auch bei starker Verschmutzung. Mit der **Waage** können Sie Zutaten präzise im Mixtopf oder in ein anderes Gefäß abwiegen. Im **Modus „Turbo"** läuft der Thermomix® bei maximaler Drehzahlstufe in kurzen Intervallen. Wenn Sie Brot- oder Pizzateig herstellen, ahmt der **Modus „Teig kneten"** das Kneten mit den Händen nach.

Wischen Sie den Startbildschirm nach links, um auf die **Modi** zuzugreifen. Weitere Erläuterungen zu den einzelnen Modi finden Sie, wenn Sie das Info-Symbol auf Ihrem Thermomix® TM6 antippen.

Aktualisieren Sie regelmäßig die Software und laden Sie die neuesten Updates herunter, damit Ihr Thermomix® TM6 immer auf dem aktuellsten Stand ist.

Geben Sie bis zu 2000 g Wasser und einige Tropfen Geschirrspülmittel in den Mixtopf und starten Sie den **Modus „Vorspülen"**.

2
GUIDED-COOKING: SCHRITT FÜR SCHRITT ZUM PERFEKTEN ERGEBNIS

Für noch mehr Komfort: Nutzen Sie einfach ein Rezept mit Guided-Cooking-Funktion! Wählen Sie ein Rezept von Cookidoo® aus und befolgen Sie die auf dem Thermomix® Display angezeigten Schritte. Selbst aufwendigere Gerichte sind mit Guided-Cooking ganz leicht zu bewältigen – auch von Kochanfängern!

Mit Guided-Cooking erreicht der Thermomix® TM6 auch höhere Temperaturen (bis zu 160 °C), zum Beispiel zum Anbraten von Zwiebeln und Fleisch oder zur Herstellung von Karamell. Bei den Thermomix® Rezepten mit hohen Temperaturen müssen Sie sich an die vorgeschriebenen Zutatenmengen halten, damit sie gelingen.

LOS GEHT'S!

Denken Sie immer daran, den Messbecher einzusetzen, wenn im Rezept nichts anderes angegeben ist.

Auf Cookidoo® können Sie Rezepte nach Namen oder Zutaten suchen. Oder wählen Sie ein bereits geplantes Rezept aus „Meine Woche" aus.

Wenn Sie ein Rezept auf Ihrem Thermomix® TM6 ausgewählt haben, können Sie es durch Scrollen vollständig lesen. Dies funktioniert genauso wie z. B. bei einem Tablet.

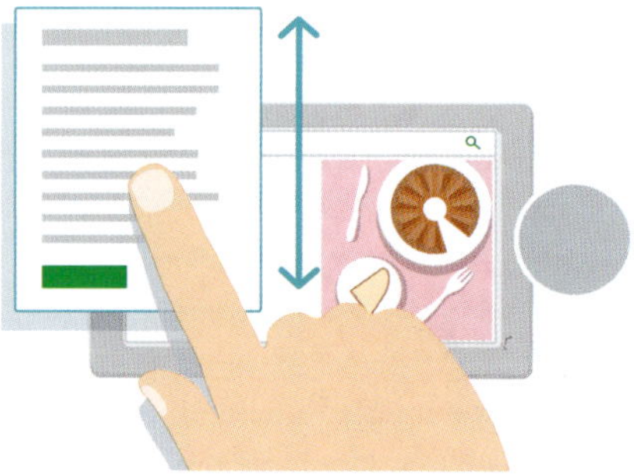

Die einzelnen Rezeptschritte sind klar und übersichtlich dargestellt. Zeit, Temperatur und Drehzahlstufe sind immer so voreingestellt, dass Sie lediglich die Zutaten hinzufügen – und den Wähler betätigen müssen – der Thermomix® übernimmt das Wiegen für Sie.

Sobald Sie mit einem Schritt fertig sind, tippen Sie auf **„Weiter"**, um die nächsten Schritte zu lesen

Wenn Sie lieber manuell kochen oder ein Rezept abwandeln möchten, können Sie die Einstellungen der Guided-Cooking-Funktion ganz nach Ihren Wünschen anpassen. Ändern Sie Zutaten oder passen Sie die Temperatur oder Zeit an – es liegt ganz bei Ihnen! Bitte beachten Sie, dass wir bei selbst angepassten Rezepten nicht mehr für das Gelingen garantieren können.

Gut zu wissen

Rezepte mit hohen Temperaturen erfordern den Spritzschutz. Dieser vermeidet, dass heißes Gargut aus dem Mixtopf spritzt. Der **Gareinsatz** und der **Varoma®-Behälter** können auch als Sieb verwendet oder anstelle des Messbechers als Spritzschutz auf den Mixtopf-Deckel gesetzt werden.

Beim Dampfgaren geben Sie Zutaten entsprechend ihrer Garzeit in den Gareinsatz oder den Varoma®. Legen Sie schneller garende Zutaten (z. B. Fisch) auf den Varoma®-Einlegeboden, den Sie erst später zum Garen einsetzen. Vergewissern Sie sich, dass der Dampf zirkulieren kann – dazu müssen einige Dampfschlitze frei bleiben.

„Mithilfe des Spatels“: Wenn dies im Rezept angegeben ist, setzen Sie den Spatel in den Mixtopfdeckel ein und bewegen diesen, während sich das Messer dreht, um das Mixen und Zerkleinern zu unterstützen. Verwenden Sie hierfür nur den Thermomix® Spatel.

Verwenden Sie den Spatel, um den heißen Gareinsatz aus dem Mixtopf herauszunehmen und auch, um Lebensmittel aus dem Mixtopf zu entnehmen. Die Spitze des Spatels ist so geformt, dass sie um das Mixmesser herumpasst – dazu den Spatel immer an die stumpfe Seite des Messers setzen und im Uhrzeigersinn drehen.

Mixtopf leeren: Wenn Sie den Mixtopf geleert haben, lassen Sie das Messer einige Sekunden auf **Stufe 10** oder auf dem Modus **„Turbo“** laufen, so können Sie die Reste leicht von den Seitenwänden des Mixtopfs entnehmen.

Um Zutaten außerhalb des Mixtopfs zu wiegen, tippen Sie die Tara-Taste der Waage und legen Sie die Zutat auf den Deckel des Mixtopfs. Alternativ stellen Sie eine Schüssel auf den Mixtopfdeckel, tippen die Tara-Taste der Waage an und wiegen die Zutaten in die Schüssel ein. Sie können auch Zutaten auf dem Mixtopfdeckel wiegen, während der Thermomix® auf niedriger Drehzahlstufe läuft.

So kochen Sie Ihre eigenen Rezepte

Sie möchten gerne eigene Rezepte mit Thermomix® kochen? Zum Beispiel den köstlichen Eintopf nach Familientradition, einen neuen Kuchen, den Sie auf Ihrem Lieblings-Foodblog entdeckt haben, oder ein Rezept aus Ihrer Kindheit? Mit ein bisschen Übung finden Sie schnell die richtige Zeit-, Temperatur- und Drehzahleinstellung. Orientieren Sie sich einfach an ähnlichen Thermomix® Rezepten, bis Sie den Dreh raushaben.
Mit der Zeit kommt die Routine und Sie werden sich an immer mehr Gerichte herantrauen. Sauce Hollandaise, Windbeutel und vieles mehr, was Sie bisher vielleicht nicht im Repertoire hatten, weil es so kompliziert oder langwierig zuzubereiten war. Damit ist ab heute Schluss – denn jetzt ist Thermomix® TM6 bei Ihnen eingezogen!

ÄHNLICHE THERMOMIX® REZEPTE ZEIGEN, WIE´S GEHT

Machen Sie sich zunächst mit den Thermomix® Funktionen vertraut, indem Sie Rezepte aus Cookidoo® kochen, bevor Sie Ihre eigenen Rezepte anpassen.

Mit etwas Übung im Umgang mit Thermomix® können Sie anhand ähnlicher Rezepte aus Cookidoo® Ihre eigenen Rezepte für die Zubereitung mit dem Thermomix® anpassen. Verwenden Sie das Cookidoo® Rezept einfach als Vorlage.

Wenn sich Qualität oder Menge der Zutaten wesentlich unterscheiden, passen Sie die Garzeiten an. Stellen Sie sicher, dass die maximale Füllmenge des Mixtopfs (2,2 l) und des Varoma® nicht überschritten wird.

Passen Sie die Zubereitungsweise Ihres eigenen Rezepts auf die Funktionen des Thermomix® an. Manchmal können zwei Schritte eines traditionellen Rezepts durch einen einzigen Schritt im Thermomix® ersetzt werden.

Notieren Sie sich während der Zubereitung mit Thermomix®, was gut funktioniert hat und was Sie vielleicht noch verbessern können.

Organisieren Sie Ihre Rezepte neu, um z. B. häufiges Spülen des Mixtopfs zu vermeiden:

- **Von trocken zu nass:** Beginnen Sie mit Rezeptschritten, für die ein sauberer, trockener Mixtopf benötigt wird (z. B. Zucker pulverisieren, Kräuter zerkleinern).
- **Von kalt zu warm:** Kneten Sie einen Teig, schlagen Sie Sahne, mixen Sie Getränke oder zerkleinern Sie Zwiebeln, bevor Sie Saucen oder Suppen kochen.
- **Alles auf einmal:** Für Saucen, Dips und Teige können Sie meist alle Zutaten auf einmal hinzufügen und diese in ein paar Sekunden vermischen. Und garen Sie, wann immer möglich, mehrere Zutaten gleichzeitig, indem Sie den Gareinsatz und/oder Varoma® verwenden.

TIPPS

- **Mahlen und pulverisieren** Sie als erstes Getreide, Nüsse oder Zucker oder zerkleinern Käse, denn das funktioniert am besten in einem sauberen, trockenen Mixtopf.

Dieser muss vor dem nächsten Schritt in der Regel nicht gereinigt werden. (Siehe Kapitel „Gewusst wie" ab S. 248). Füllen Sie die zerkleinerten Zutaten um und stellen Sie sie für später zur Seite.

- **Kneten** Sie Brot-, Pizza- oder Pastateige zu Beginn eines Rezepts. Diese Teige lassen sich meistens leicht aus dem Mixtopf nehmen – wodurch zusätzliches Spülen entfällt.
- **Mixen** Sie Saucen und Teige (z. B. für Kuchen, Pfannkuchen oder Biskuit) in wenigen Sekunden auf **Stufe 2–5**. In der Regel können alle Zutaten auf einmal vermischt werden.
- Zum **Steifschlagen** von Eischnee wird ein sauberer und fettfreier Mixtopf benötigt, daher sollten Sie damit beginnen. Setzen Sie den Rühraufsatz ein. Dieser sollte ebenfalls sauber und fettfrei sein und darf bis maximal **Stufe 4** verwendet werden.
- **Zerkleinern** Sie Gemüse vor dem Dünsten.
- **Dünsten** Sie Zwiebeln oder anderes zerkleinertes Gemüse bei 120 °C, je nach Wassergehalt der Zutaten. **3–7 Min./120°C/↺ – Stufe 1**.
- **Kochen oder schmoren** Sie z. B. Gulasch oder Eintöpfe bei 90–100 °C. Die Garzeit hängt von den verwendeten Zutaten ab. Verwenden Sie den ↺, wenn z. B. Nudeln oder Gemüse nicht zerkleinert, sondern stückig bleiben sollen.
- **Kochen** Sie Milch, Sahne oder Kokosmilch bei 90 °C, um ein Überkochen zu vermeiden.
- **Rühren** Sie gebundene Saucen bei **Stufe 2-4**, um Klümpchen zu verhindern.
- **Garen** Sie Zutaten wie Gemüse, Garnelen, Fleischbällchen und vieles mehr im Gareinsatz oder Varoma®, während Sie z. B. einen Eintopf oder eine Sauce im Mixtopf kochen. Reis braucht zum Garen Wasserkontakt im Gareinsatz, dafür müssen Sie 1200 g Wasser oder Brühe in den Mixtopf geben.

Wir sind gespannt auf Ihre eigenen Kreationen! Teilen Sie Ihre Erfolge mit uns und posten Sie Ihre Rezeptbilder bei Facebook oder Instagram: **#ausdemthermomix**

Jetzt dürfen Sie loslegen!

In jedem von uns stecken verschiedene Kochtypen. Je nach Laune und Terminplan sind wir manchmal eher effizient oder kreativ, sind gesundheitsbewusst oder schlemmen gern, sind organisiert oder spontan. In diesem Buch zeigen wir Ihnen, wie vielfältig Ihnen Thermomix® beim Kochen helfen kann und dass wir für jeden Anlass das passende Rezept für Sie haben.

KAPITEL

Was steht heute an?

Die Kapitel sind je nach Bedürfnis strukturiert. Das Kapitel **„Selbst gemacht für meinen Vorrat"** hilft Ihnen dabei, Ihren Kühlschrank und Ihren Vorrat mit selbst gemachten Leckereien aufzufüllen. Wenn Sie ein schnelles und einfaches Rezept für jeden Tag suchen, werden Sie im Kapitel **„Meine Alltagsküche"** fündig. Wenn Sie mehr Zeit haben und lieber im Voraus kochen oder wenn Sie Freunde eingeladen haben, dann finden Sie Inspirationen im Kapitel **„Endlich Wochenende!"**. Mit den Ideen aus dem Kapitel **„Für besondere Anlässe"** können Sie auf Partys und an Festtagen glänzen und Ihre Freunde und Familie beeindrucken.

KOCHSCHULEN

Wie macht man ...?

... ein perfektes Risotto, eine Sauce Hollandaise, eine beeindruckende Geburtstagstorte oder ein cremiges Eis? Die Antworten auf diese Fragen und noch viele weitere detaillierte Hintergrundinformationen erhalten Sie innerhalb der Kapitel in unseren Kochschulen. Außerdem zeigen wir Ihnen, wie Sie Ihre Vorräte perfekt organisieren können, stressfrei eine Party planen und einen Menüplan für die kommende Woche erstellen.

REZEPTE

Was koche ich heute?

Lassen Sie sich von unseren Rezeptfotos inspirieren. Kurze Texte zeigen Ihnen die Vorzüge des Rezepts. So können Sie ganz einfach entscheiden, was Sie kochen möchten. Außerdem finden Sie Angaben zu Gesamtzeit, Arbeitszeit, Hauptzutaten und Kalorien, die Ihnen bei der Auswahl helfen.
Die vollständigen Rezepte zum Nachkochen finden Sie auf Cookidoo® – rufen Sie die Rezepte einfach und komfortabel über das Display Ihres Thermomix® TM6 auf.

Wichtig:
Für detaillierte Informationen zur richtigen Handhabung Ihres Thermomix® TM6 lesen Sie die Gebrauchsanleitung, insbesondere die Sicherheitshinweise.

Besondere Ernährungsformen oder Lebensmittelunverträglichkeiten

- **Glutenfrei:** enthält kein Gluten
- **Laktosefrei:** enthält keine Laktose
- **Vegetarisch:** enthält keine Fleisch- oder Fischprodukte, keine Gelatine (Eier und Milchprodukte können enthalten sein)
- **Vegan:** enthält keine tierischen Produkte
- **Low Carb:** alle Hauptgerichte unter 25 g Kohlenhydrate pro Portion; alle Desserts, Vorspeisen, Snacks und Getränke unter 15 g Kohlenhydrate pro Portion oder Stück

Die kurze Beschreibung gibt Ihnen eine erste Idee zum Rezept. Die vollständigen Angaben finden Sie auf Cookidoo®.

Wichtige Informationen

- **Arbeitszeit:** Dies ist die Zeit, in der Sie aktiv bei der Rezeptzubereitung mitwirken.
- **Gesamtzeit:** Dies ist die Zeit, die für die gesamte Zubereitung des Gerichts bis zum Servieren erforderlich ist. Die Gesamtzeit umfasst auch Back-, Abkühl- und Wartezeiten.
- **Portionen:** Diese Angabe zeigt Ihnen, wie viele Portionen, Stücke, Gläser oder Flaschen ein Rezept ergibt.
- **Schwierigkeitsgrad:** Einige Rezepte erfordern mehr Zeit und Übung als andere. Am Schwierigkeitsgrad können Sie sich orientieren: einfach, mittel oder aufwendig.
- **Nährwerte:** In diesem Buch geben wir nur den Energiewert (kcal) an. Detaillierte Nährwertangaben finden Sie im Rezept auf Cookidoo®.
- **Grundzutaten:** Dies sind die wichtigsten Zutaten, die Sie für die Zubereitung des Rezepts benötigen.

Selbst gemacht für *meinen Vorrat*

SO FUNKTIONIERT'S AM BESTEN:

Trockene Zutaten: Trockene Zutaten wie Hülsenfrüchte, Reis, Nudeln oder Zucker, die in Glasbehältern und Flaschen aufbewahrt werden, sind schnell zur Hand und sehen außerdem hübsch aus. Statt die Behältnisse extra zu kaufen, können Sie auch leere Glasgefäße für Lebensmittel mit selbst gestalteten Etiketten oder farbigen Deckeln aufpeppen.

Lagerfähiges Obst und Gemüse: Dazu gehören unter anderem Kartoffeln, Rüben, Zwiebeln, Knoblauch, Äpfel, Birnen und Quitten, die sich an einem kühlen, dunklen, aber gut belüfteten Ort gut lagern lassen. Als ebenso schöne wie praktische Aufbewahrungsmöglichkeit bieten sich Bambuskörbe und Holzkisten an.

Frisches Obst und Gemüse: Spargel bleibt in ein feuchtes Geschirrtuch eingeschlagen schön knackig. Salat und frisches Gemüse können Sie mit Wasser anfeuchten, in Beutel verpacken und im Kühlschrank aufbewahren. Anders reife Tomaten und weiche Früchte: Diese sollten Sie erst unmittelbar vor der Zubereitung waschen.

Die richtige Vorratshaltung

Zur guten Küchenorganisation gehören aufgeräumte Schränke und Arbeitsflächen. Alles sollte seinen festen Platz haben und möglichst übersichtlich aufbewahrt werden. Dann sind Küchenutensilien und Zutaten sofort griffbereit und Ihnen bleibt mehr Zeit – zum Ausprobieren neuer Rezepte, aber auch zum Essen mit der Familie oder Freunden.

Die richtige Kühlschrank-Lagerung … für längere Frische und Haltbarkeit.

Fleisch und Fisch: Portionsweise einfrieren, die Gefrierbeutel beschriften und nach Bedarf auftauen – das ist praktisch und hilft zudem, Abfall zu vermeiden.

Brot: Der Kühlschrank ist kein guter Aufbewahrungsort für Brot, weil es dort wesentlich schneller altert als bei Zimmertemperatur. Lagern Sie es stattdessen in luftdurchlässigen Behältern oder einem Brotkasten, um ein feuchtigkeitsbedingtes Schimmeln zu verhindern.

Nüsse, Gewürze und frische Kräuter: Gewürze alphabetisch oder auch nach anderen Kriterien zu sortieren, erspart hektisches Suchen beim Kochen. In schönen Behältern aufbewahrt und gekennzeichnet, sind sie zugleich eine hübsche Dekoration. Da Nüsse leider dazu neigen, ranzig zu werden, ist das Einfrieren hier die optimale Lösung, wahlweise ganz oder gehackt. Geschnittene Kräuter brauchen Wasser, um frisch zu bleiben. Die Stiele sollten aber kein „Vollbad" nehmen, sonst verderben sie schnell – lieber mal etwas frisches Wasser zugeben. Selbst gezüchtete Kräuter schmecken am besten, bevor sie blühen und auch ohne Blütenpracht sind die Kräuter in Gläsern oder Töpfen auf dem Fensterbrett eine Augenweide.

WEITERE TIPPS ZUR BEVORRATUNG

- Es ist sehr sinnvoll, alles zu beschriften. Entweder mit einem geeigneten Stift direkt auf den Behälter schreiben, einfach Sticker aufkleben oder Ihre eigenen Schilder aus Karton und Kordeln herstellen.
- Wenn Sie wenig Platz in der Küche haben, legen Sie kleine Behälter oder Gewürzdosen in flache Schubladen.
- Das Grün von Radieschen, Kohlrabi oder Möhren sofort nach dem Kauf wie Kräuter verwenden – oder daraus Pesto, Gewürzpaste oder Suppen machen. Das Grün entzieht dem Gemüse sonst Wasser, wodurch es kürzer haltbar ist. Darum sollten auch die Stiele von Tomatenrispen entfernt werden.
- Im Ganzen sind Gewürze länger haltbar als zerkleinert. Wenn Sie jeweils nach Bedarf zerkleinern, bleiben die Gewürze aromatisch.
- Ob in ganzer oder pulverisierter Form: Bewahren Sie Gewürze licht-, hitze- und luftgeschützt auf, damit ihr köstliches Aroma erhalten bleibt. Die Nähe zum Herd, insbesondere ein Standort direkt über den Kochplatten, bekommt Gewürzen wegen der Dämpfe nicht. Darum sollten Sie es auch vermeiden, über dem kochenden Topf direkt aus dem Glas zu würzen.

Platz schaffen heißt, kreativ zu werden

Thermomix® nimmt Ihnen viele Ihrer Aufgaben in der Küche ab, sei es das Abwiegen und Abmessen, Hacken und Kochen oder eine andere seiner insgesamt 12 Funktionen. Diese Multifunktionalität ist auch im Hinblick auf den Platz in Ihren Regalen und Küchenschränken ein echter Gewinn: Sie brauchen keine anderen Küchengeräte mehr. So bleibt eine Menge Raum für Kreativität, Flair und atemberaubende Gerichte! Und noch etwas ist äußerst praktisch: Die Rezepte werden auf dem Display angezeigt – von der Zutatenliste bis hin zu allen Arbeitsschritten!

CLEVER KOCHEN

Sie können Thermomix® in Ihrer Küche dort aufstellen, wo es für Sie am bequemsten ist – aber bitte nicht auf der Herdplatte und immer auf einer rutschfesten Unterlage. Wenn er auf der Arbeitsplatte steht, lassen Sie am besten links und rechts noch etwas Platz frei. Dann können Sie die Zutaten auf der einen Seite des Thermomix® zusammenstellen und vorbereiten und auf der anderen Seite alles stressfrei und entspannt verarbeiten und anrichten.

FRISCHE ZUTATEN VERWENDEN

Ob Kaffeepulver, Mehl, Puderzucker oder Gewürzmischungen: Kaufen Sie die Zutaten dafür im Ganzen, denn Thermomix® kann sie nach Bedarf für Sie zerkleinern oder mahlen. Das ist schnell gemacht, und Sie können sicher sein, dass alles wirklich frisch und frei von Zusätzen ist. Auch Gewürze wie Pfefferkörner, Fenchel- oder Koriandersamen bleiben länger aromatisch, wenn Sie diese nach Bedarf mahlen. Ein weiterer Vorteil: Getreidekörner und Kaffeebohnen sind im Ganzen länger haltbar und oft auch preiswerter. Im Kapitel „Gewusst wie" ab S. 248 finden Sie viele Vorschläge, welche gemahlenen Zutaten Sie im Thermomix® selbst herstellen können.

TIPP | Die im Thermomix® integrierte Waage wiegt sowohl Flüssigkeiten als auch feste Zutaten. Besonders praktisch: Sie können eine Schüssel auf den Mixtopfdeckel stellen, um Zutaten abzuwiegen – und das sogar, während der Thermomix® bei niedriger Drehzahlstufe läuft. Stellen Sie dazu einfach die Waage auf null zurück und fügen Sie dann Ihre Zutaten hinzu. So ist alles für den nächsten Rezeptschritt schon fertig abgewogen zur Hand.

KLEINE MESSERKUNDE

Wenn Sie einen Thermomix® besitzen, benötigen Sie nur noch wenige Messer, die Ihnen bei der Zubereitung behilflich sind. Mit einem **Schälmesser** können Sie Gemüse schälen und schneiden, es aber auch anderweitig nutzen, wenn für Küchenarbeiten ein kleines Messer benötigt wird. Das **Kochmesser** ist ebenfalls vielseitig einsetzbar: Mit ihm lassen sich verschiedene Lebensmittel in Scheiben schneiden oder hacken und Fisch häuten oder filetieren. Dann brauchen Sie noch ein **großes Messer** für große Fleischstücke oder Fisch und zum Brotschneiden. Regelmäßiges Schärfen der Messer ist ein Muss – denn scharfe Messer machen alles leichter.

DAS WICHTIGSTE ZUBEHÖR

DAS RICHTIGE GESCHIRR FÜR DEN VAROMA®

- Geeignet sind hitzebeständige Materialien wie Keramik, Metall oder Silikon. Verwenden Sie Glas oder Kunststoff nur, wenn Sie wissen, dass sie hitzebeständig sind – dies wird üblicherweise auf der Verpackung angegeben.
- Bevor Sie mit der Zubereitung Ihres Rezepts beginnen, stellen Sie das Geschirr in den Varoma®, um zu prüfen, ob sich der Deckel schließen lässt. Vergewissern Sie sich, dass einige Dampfschlitze des Varoma®-Behälters und des Varoma®-Einlegebodens frei bleiben, damit der Dampf zirkulieren kann.

TIPP | Urlaubsreif? Wenn Sie auch in Ihren Ferien nicht auf Thermomix® verzichten möchten, dann nehmen Sie ihn doch einfach mit! Denn mit Thermomix® Komfort in der Urlaubsküche können Sie umso mehr ausspannen und Ihre Freizeit so richtig genießen. Im Grunde brauchen Sie in Ihrem Urlaubsdomizil nur eine Steckdose und einen Abstellplatz, und schon können Sie loslegen!

Es ist immer gut, Vorräte zu haben …

Wenn Sie Ihre Vorratskammer selbst bestücken möchten, sind Sie mit Thermomix® genau richtig ausgestattet. Sie können unverarbeitete Zutaten einfach und selbst weiterverarbeiten. Das spart Geld und ist gesünder und leckerer. Keine versteckten Zutaten wie Zucker und Konservierungsstoffe, dafür mehr Aroma: frisch gemahlene, duftende Kaffeebohnen und Gewürze, aromatischer Hartkäse, die eigene Vollkornmehlmischung!

FÜLLEN SIE IHRE REGALE!

Selbst bevorraten hat viele Vorteile – vor allem, dass Sie immer genau wissen, was Sie essen. Sie werden auch bemerken, dass Sie automatisch mehr regionale und saisonale Lebensmittel verwenden, Verpackungen reduzieren und Müll vermeiden. Was die Haltbarkeit dieser selbst gemachten Vorräte anbelangt: Beachten Sie unsere Tipps zu Hygiene und Aufbewahrung. Wenn Sie Ihre Regale mit hausgemachten Vorräten füllen, ergibt sich ein schöner Nebeneffekt: Sie haben immer ein nettes Mitbringsel oder eine Idee für den nächsten Schenk-mal-was-Tag.

UNSERE REZEPTE FÜR IHREN VORRAT

Mit Thermomix® können Sie **Granola** ganz einfach selbst herstellen …

… oder **Kekse** …

... und auch **Zimtzucker** oder **Vanillezucker**, der in vielen Rezepten verwendet wird.

Pesto lässt sich im Thermomix® schnell aus frischen Zutaten zubereiten. Auf Zucker, der bei industriell hergestellten Sorten oft zugesetzt wird, können Sie dabei verzichten. Mit etwas Öl zur besseren Haltbarkeit bedeckt, kann das Pesto eine Woche im Kühlschrank aufbewahrt werden.

TIPP | Peppen Sie Ihre Mahlzeiten mit pikanten, hausgemachten Saucen oder Dips auf, die im Thermomix® ganz einfach herzustellen sind. Sie werden garantiert alle beeindrucken, wenn Sie zur nächsten Grillparty ein Glas selbst gemachten Ketchup oder Senf mitbringen!

Saubere Gläser – lange Haltbarkeit

Die Gläser, die Sie verwenden, sollten so sauber wie möglich sein, damit die konservierten Lebensmittel möglichst lange frisch bleiben und nicht aufgrund von Verunreinigungen verderben. So bereiten Sie Ihre Gläser optimal vor:

- Geben Sie 400 g Wasser in den Mixtopf. Stellen Sie die Gläser und Deckel verkehrt herum in die Mitte des Varoma®-Behälters und lassen Sie den Varoma® zum Reinigen **20 Min./Varoma®/ Stufe 1** laufen. Dann trocknen lassen, die Innenseite aber weder abtrocknen noch berühren. ODER
- Waschen Sie die Gläser und Deckel in heißem Spülwasser gründlich ab und übergießen sie danach mit kochend heißem Wasser.
- Sie können Gläser auch zum Füllen vorbereiten, indem Sie sie auf ein Backblech stellen und im Backofen bei 100°C erhitzen, bis sie benötigt werden.

Ein Rezept für Gemüse-Bouillon mit selbstgemachter Gewürzpaste finden Sie auf Ihrem Thermomix® oder auf Cookidoo®.

HAUSGEMACHTE GEWÜRZPASTE

Schluss mit versteckten Zutaten! Wenn Sie Ihre eigenen Gewürzpasten herstellen, wissen Sie genau, was drin ist. Die Pasten bieten tolle Möglichkeiten, noch mehr Geschmack in Ihre Alltagsküche zu bringen! Alle Thermomix® Rezepte für Gewürzpasten aus Gemüse, Hähnchen und Fleisch sowie rote und grüne Currypasten finden Sie auf Cookidoo®. Durch das Einkochen mit Salz sind die Pasten lange haltbar und können in verschlossenen Gläsern mehrere Wochen lang im Kühlschrank aufbewahrt werden.

TIPPS

- Essig ist ein hervorragendes Konservierungsmittel. Klarer Branntweinessig erhält die Farbe von Gemüse besonders gut. Probieren Sie diese Methode mit unserem Cookidoo® Rezept Würzig eingelegtes Gemüse auf Vorrat.
- Eine klassische Zutat für die Konservierung ist Zucker, der Konfitüren und Marmeladen nicht nur süßt, sondern auch zur Haltbarkeit beiträgt. Der zum Konservieren verwendete Zucker muss nicht fein sein.
- Salz ist ebenfalls ein guter Konservator. Er wird für Würziges genutzt und macht Pasten wie die Zitronensalzpaste oder unsere klassischen Gewürzpasten haltbar.

Die passenden Rezept-Inspirationen für alle unsere Tipps finden Sie auf Cookidoo®.

Thermomix® hat schon bei vielen den Hamster in Sachen Vorratshaltung geweckt. Nicht nur, weil es so praktisch und preiswert ist, sich Vorräte anzulegen, sondern auch, weil es einfach Spaß macht. Fangen Sie klein an, alles andere kommt dank Thermomix® fast von allein.

GRANOLA

10 Min. 1 Std. 40 Min.

700 g

Einfach

Pro 100 g: 514 kcal

Nüsse, Flocken, Samen, Ahornsirup

So richtig crunchy in den Morgen starten? Nichts leichter als das mit diesem Granola-Rezept! Erst alles im Thermomix® mischen, dann ab damit aufs Backblech, im Ofen bräunen und danach nur noch abkühlen lassen. Reicht für ein großes Vorratsglas mit knusprig guter Laune in vielen Variationen!

ERDBEERKONFITÜRE

Lust auf süße Früchtchen im Einmachglas? Mit dem roten Konfitüren-Klassiker verlängern Sie die Erdbeersaison nach Belieben – aber natürlich nur, solange der schnell gemachte Vorrat reicht! Die Zugabe von etwas Pflanzenfett ist unser kleiner Rezept-Kniff gegen übermäßige Schaumbildung.

15 Min. 30 Min.

3 Schraubgläser (à 450 g)

Einfach

Pro Glas: 810 kcal

Erdbeeren, Gelierzucker, neutrales Pflanzenfett

MANGO-CHUTNEY

Bollywood zum Dippen! Unser indisch angehauchtes Mango-Chutney ist mit minimalem Aufwand frisch zubereitet. Sieht nicht nur verführerisch gut aus, sondern schmeckt auch so: fruchtig, würzig und exotisch. Chutneys sind übrigens auch immer heiß begehrte Mitbringsel aus der eigenen Küche!

10 Min. 1 Std.

4 Schraubgläser (à 250 g)

Einfach

Pro Glas: 407 kcal

Mango, Knoblauch, Chili, Ingwer, Zucker

KRÄUTERSALZ

Gegen Langeweile beim Würzen ist mehr als ein Kraut gewachsen. Dazu noch grobes Salz und ein Hauch Knoblauch, fertig ist die duftende Kräutermischung. Besonders aromatisch mit Oregano, Thymian, Basilikum und Rosmarin aus dem Garten – und liebevoll verpackt ein Hit zum Verschenken!

5 Min. 5 Min.

1 Schraubglas (200 g)

Einfach

Pro Glas: 33 kcal

Salz, gemischte Kräuter, Knoblauch

COOKIES

Schokolade vor! Hier spielen zartbittere Schokoladenstückchen die Hauptrolle, aber auch weiße Schokolade, Schokolinsen oder Nüsse können hier ihren großen Auftritt bekommen. Welch ein Glück für alle großen und kleinen Krümelmonster: Die Cookies können Sie in einer Blechdose immer auf Vorrat haben.

25 Min. 50 Min.

30 Stück

Einfach

Pro Stück: 97 kcal

Schokolade, Butter, Zucker, Mehl

PROBIEREN SIE AUCH ...

VANILLEZUCKER

5 Min. 72 Std. 200 g

Ein Traum aus Vanille und so einfach gemacht aus echter Vanilleschote und Zucker.

PUDERZUCKER

5 Min. 5 Min. 200 g

Süße Verwandlung von Zucker in Puderzucker – immer luftig locker und frisch.

KAFFEE MAHLEN

5 Min. 5 Min. 200 g

Kaffeemühle inklusive: Genießen Sie das volle Aroma frisch gemahlener Kaffeebohnen!

PANIERMEHL

5 Min. 5 Min. 100 g

Bisher keine Verwendung für trockene Sonntagsbrötchen gehabt? Zeit für Paniermehl aus eigener Herstellung.

VOLLKORNMEHL

5 Min. 5 Min. 200 g

„Müllern" Sie meisterlich: Dinkel, Roggen, Weizen & Co einfach im Thermomix® mahlen!

KARAMELLSAUCE

Exklusiv für TM6

Alles im süßen Fluss: Diese Sauce aus karamellisiertem Zucker und Sahne wertet nicht nur Desserts wie Eis oder Vanillepudding auf, sondern ist auch ein tolles Torten-Topping. Im Thermomix® gelingt Ihnen Karamellsauce in vielen Varianten ganz leicht und ohne Anbrennen.

5 Min. 1 Std. 30 Min.

400 g

Einfach

Pro 100 g: 510 kcal

Zucker, Sahne, Butter

ZWIEBEL-CHUTNEY

10 Min. 8 Std.

400 g

Einfach

Pro 100 g: 304 kcal

rote Zwiebeln, brauner Zucker, Rotweinessig, Olivenöl

Da kullern höchstens ein paar Freudentränen: Einfach Zwiebeln in Achtel schneiden, im Mixtopf karamellisieren und danach noch mit Zucker, Chili, Salz und Rotweinessig weiterschmoren. Köstlich zu Käse oder zu kurzgebratenem Fleisch – und ein tolles selbst gemachtes Mitbringsel aus der Küche!

Joghurt

Joghurt ist nicht gleich Joghurt. Es gibt ihn in unterschiedlichsten Konsistenzen und Geschmacksrichtungen. Vielleicht kennen Sie bislang nur den fertigen Joghurt aus dem Kühlregal. Das könnte sich mit Thermomix® ändern, denn jetzt ist es ganz einfach, Ihre Lieblingssorten selbst zu machen – Joghurt in diversen Geschmacksrichtungen und Naturjoghurt. Sie entscheiden, wie dünn- oder dickflüssig er sein soll, ob Sie ihn mit magerer oder fettreicher Milch zubereiten, ob Sie Zucker und Aromen verwenden. Hier ein paar einfache Tipps, um Joghurt herzustellen.

JOGHURTARTEN

Joghurt ist nichts anderes als fermentierte Milch. Bei der Fermentation wird der Milchzucker (Laktose) durch Bakterien in Milchsäure umgewandelt. Dies geschieht, wenn die Milch über einen gewissen Zeitraum konstant auf einer bestimmten Temperatur gehalten wird.

KONSISTENZ

- **Stichfester Joghurt:** Joghurt in fester Konsistenz lässt sich durch Fermentation im Mixtopf oder in einzelnen Joghurtgläsern im Varoma® selbst herstellen.
- **Griechischer Joghurt:** Dies ist ein Naturjoghurt in konzentrierter Form, der zum Verdicken in ein Sieb gegeben wird und dann abtropft. Wegen des Flüssigkeitsverlusts wird mehr Milch für die gleiche Menge Joghurt benötigt. Deshalb ist griechischer Joghurt im Laden oft teurer.

TIPP | Um griechischen Joghurt selbst herzustellen, bereiten Sie im ersten Schritt im Thermomix® das Joghurt-Rezept aus diesem Buch zu (S. 45). Legen Sie dann den Gareinsatz mit einem Musselin- oder Mulltuch aus, setzen ihn in eine Schüssel, sodass nach unten Platz ist, und geben Sie Ihren fertigen Joghurt mit einem Löffel hinein. Abdecken und 2–3 Stunden zum Abtropfen kühl stellen. Je länger Sie den Joghurt abtropfen lassen, desto dicker wird er. Wenn er die gewünschte Konsistenz hat, füllen Sie ihn in luftdichte Gläser.

- **Trinkjoghurt:** Trinkjoghurt ist so praktisch, weil er sich gut als schneller Snack zum Mitnehmen eignet. Rühren Sie dazu Ihren stichfesten Joghurt weitere **10 Sek./Stufe 4**. Durch das Rühren verflüssigt er sich. Danach den Trinkjoghurt einfach in Flaschen umfüllen und im Kühlschrank aufbewahren.

5 GRÜNDE, JOGHURT SELBST ZU MACHEN

1. **EINFACH**
   Der Arbeitsaufwand ist sehr überschaubar: nur 10 Minuten Arbeitszeit für acht Portionen Joghurt! Thermomix® hält die richtige Temperatur, damit der Joghurt jedes Mal gelingt.

2. **GESUND**
   In hausgemachtem Joghurt gibt es keine künstlichen Aroma- und Farbstoffe, Konservierungsmittel oder Stabilisatoren und Sie wissen genau, was drin ist.

3. **SO LECKER!**
   Ganz nach Ihrem Geschmack: Sie können den Joghurt exakt so herstellen, wie Sie ihn am liebsten mögen. Geschmacksrichtung, Konsistenz, Süße – alles nach Wunsch!

4. **UMWELTBEWUSST**
   Entsorgen von Kunststoffbechern war gestern. Wenn Sie Joghurt zu Hause herstellen, können Sie die Gläser wiederverwenden.

5. **SPART GELD**
   1000 g Milch kosten viel weniger als 1000 g Naturjoghurt. Joghurt selbst herzustellen lohnt sich also!

GESCHMACKSRICHTUNGEN

Joghurt ist ein Verwandlungskünstler. Ob pur als Naturjoghurt, mit Honig oder Obst gesüßt, als salziges oder süßes Getränk wie Ayran und Lassi … er lässt sich erstaunlich vielfältig variieren.

TIPP | Geben Sie für süßen Joghurt 40 g Zucker auf 1000 g Milch zusammen mit anderen Geschmacksträgern hinzu, bevor der Fermentationsvorgang beginnt.

- **Alle meine Lieblingssorten:** Joghurt kann mit Vanille, Karamell, Stracciatella, Früchten und verschiedenen weiteren Zutaten geschmacklich verfeinert werden. Anders als bei fertig gekauften Joghurtsorten, die meist sehr viel Zucker enthalten, können Sie bei selbst gemachtem Joghurt beeinflussen, wie süß er sein soll und welches Süßungsmittel Sie verwenden. Wenn Sie auf Zucker weitgehend verzichten möchten, sind Fruchtpürees eine leckere süße Alternative.

IDEEN ZUR ZUBEREITUNG

- **Vanillejoghurt:** Beginnen Sie mit 1000 g Milch und fügen 40 g Zucker und 1 TL Vanilleextrakt oder das Mark einer halben Vanilleschote hinzu.
- **Karamelljoghurt:** Geben Sie zu Beginn 50–70 g Karamellsauce auf 1000 g Milch hinzu.
- **Joghurt mit Fruchtgeschmack:**
  - Geben Sie 50–70 g Konfitüre oder Trockenfrüchte wie z. B. Datteln oder getrocknete Aprikosen vor dem Fermentationsvorgang zur Milch und den anderen Zutaten.
  - Frische Früchte können die Fermentation behindern, deshalb sollten Sie diese erst kurz vor dem Servieren dazugeben.
  - Für eine schöne Optik geben Sie 1 EL Marmelade, Kompott oder frisches Obstpüree in das Joghurtglas und füllen dann den Joghurt darauf.

NATURJOGHURT IN GLÄSERN HERSTELLEN

VORBEREITUNG

Reinigen Sie Mixtopf, Mixmesser und Mixtopfdeckel und auch die Joghurt- oder luftdichten Gläser, um ein optimales Wachstum der gesunden Bakterien sicherzustellen.

Stellen Sie 8 passende Schraubgläser (je 120 ml) in die Mitte des Varoma®-Behälters.

ZUTATEN

Die einzigen Zutaten, die Sie für hausgemachten Joghurt benötigen, sind pasteurisierte Vollmilch (3,5 %) und Naturjoghurt. Vollmilch ist ideal, weil sie einen höheren Fettgehalt hat und damit einen dickeren, cremigeren Joghurt ergibt. Sie können jedoch auch andere Milcharten verwenden.

TIPPS

- **Wenn Sie Rohmilch verwenden:** Erhitzen Sie die Milch **15 Min./90°C/Stufe 2** und lassen Sie die Milch auf Zimmertemperatur abkühlen, bevor Sie das Rezept zubereiten.
- **Cremiger Joghurt:** Für eine besonders cremige Konsistenz können Sie Gelatine, Agar-Agar oder Milchpulver hinzufügen oder nach dem Rezept für Naturjoghurt vorgehen (siehe S. 45). Eine cremigere Konsistenz erreichen Sie auch, wenn Sie pasteurisierte Milch wie beim Verfahren für Rohmilch erhitzen (siehe oben) und abkühlen lassen.
- **Gehaltvoller Joghurt:** Ersetzen Sie 100–200 g Milch durch Sahne.
- **Magermilchjoghurt:** Bei Verwendung von Magermilch ändert sich die Konsistenz des Joghurts. Wenn Sie trotzdem einen cremigeren Joghurt möchten, können Sie 1–2 EL Gelatine hinzufügen, die Sie in einer Schüssel mit warmem Wasser aufgelöst haben, bevor Sie die anderen Zutaten hinzugeben.
- **Joghurtkultur:** Sie können den Naturjoghurt durch eine Joghurtkultur ersetzen. Diese erhalten Sie in Naturkostläden, Reformhäusern oder im Internet. Bitte beachten Sie dann die Packungsangabe.

FERMENTATION

Viele Nahrungsmittel entstehen durch Fermentation, z. B. Käse, Sauerkraut oder Sauerteig. Bei der Herstellung von Joghurt wird die Laktose in der Milch durch bakterielle Kulturen in Milchsäure umgewandelt. Um den Prozess zu starten, geben Sie das Wasser in den Mixtopf und setzen Sie den Varoma® auf der angegebenen Gradzahl auf. Der Joghurt ist dann nach etwa 8 Stunden fertig.

TIPPS

- Der Joghurt sollte während der Fermentation ruhig und warm stehen. Dies ist wichtig, damit die richtige Konsistenz erreicht wird.
- Je niedriger die Zimmertemperatur, desto länger sollte der Joghurt reifen können.
- Je länger der Joghurt reifen kann, desto mehr Säure entwickelt er.

LAGERUNG
Nach der Fermentation sollten Sie den Joghurt mindestens 3 Stunden kühl stellen, bevor er serviert wird.

WICHTIG | Sie können den Joghurt ein paar Tage im Kühlschrank aufbewahren. Wenn er jedoch mehr Säure entwickelt oder Sie Anzeichen von Schimmel entdecken, ist der Joghurt verdorben und muss entsorgt werden.

TIPP | Denken Sie daran, 120 g Naturjoghurt als Kultur für die nächsten Joghurtgläser aufzubewahren.

NATURJOGHURT

10 Min.
ca. 12 Std.
8 Portionen
Einfach
Pro Portion: 96 kcal
Vollmilch, Naturjoghurt

Einfach von Natur aus gut – auch für die Umwelt! Wenn es doch immer so leicht wäre, auf Plastik zu verzichten, wie beim Joghurt aus dem Thermomix®. Ihre Arbeitszeit beträgt nur 10 Minuten, danach ist der Varoma® der perfekte Wohlfühlort für die Joghurtkulturen, denn die mögen es muckelig warm.

SENF, MITTELSCHARF / MAYONNAISE /KETCHUP

Bei diesem rot-gelb-weißen Trio läuft der Thermomix® zur Höchstform auf – besonders das Emulgieren ist mit ihm ein Klacks! Warum eigentlich noch Fertigprodukte kaufen, wenn es so einfach ist, die 3 Klassiker selbst herzustellen? Sie wissen immer genau, was drin ist und können nach Belieben variieren, denn auf Cookidoo® gibt's weitere Rezepte für Weißwurstsenf, Feigensenf, Curry-Ketchup, Remoulade … So werden auch aus Pommes rot-weiß und Bratwurst mit Senf kulinarische Highlights!

Senf, mittelscharf

- 5 Min. / 25 Min.
- 2 Schraubgläser (à 400 g)
- Einfach
- Pro Glas: 800 kcal
- Senfkörner, Gewürze, Wasser

Mayonnaise

- 5 Min. / 5 Min.
- 300 g
- Einfach
- Pro 100 g: 762 kcal
- Ei, Öl

Ketchup

- 15 Min. / 45 Min.
- 3 Schraubgläser (à ca. 200 g)
- Einfach
- Pro Glas: 196 kcal
- Zwiebeln, Paprika, geschälte Tomaten, Gewürze

MÖHRENGRÜN-PESTO

Ist das Essen oder kann das weg? Im Fall von Möhrengrün liefert unser Rezept die Antwort: Das können Sie super verwerten! Aus dem frischen Grün junger Bundmöhren entsteht zusammen mit Petersilie, Parmesan und Mandeln die Basis für ein sattgrünes, nussig-würziges Pesto!

- 10 Min. 10 Min.
- 1 Schraubglas (250 g)
- Einfach
- Pro Glas: 1491 kcal
- Möhrengrün, Mandeln, Parmesan, Öl

EIERLIKÖR

5 Min. 15 Min.

3 Flaschen (à 0,3 l)

Mittel

Pro Flasche: 888 kcal

Eigelb, Sahne, Doppelkorn

Wer Sorgen hat, hat auch Likör, sagte die Oma immer, und dann gab's erstmal einen Eierlikör. Den können Sie völlig sorgenfrei im Thermomix® selbst machen. In nur 8 Minuten, mit genau dosierter Hitze und ganz frisch! Danach in Flaschen füllen, gut kühlen und verschenken – oder selbst genießen.

INGWERSIRUP

Kratzen im Hals? Ein Fall für unseren Ingwersirup als ultimative Geheimwaffe – und er kann noch viel mehr! Lässt sich zum Beispiel nach Belieben schorlen, versüßt den Tee und verwandelt sich in Kombination mit Wodka, Wasser und Gurkenscheibchen in einen coolen Ginger-Cocktail.

10 Min. 1 Std.

2 Flaschen (à 0,7 l)

Einfach

Pro Flasche: 1607 kcal

Ingwer, Zucker, Wasser

CURRYWURST-SAUCE À LA SANSIBAR

Die Sauce ist Ihnen nicht Wurst? Dann probieren Sie unbedingt diese! Das Kultrezept aus der berühmten Sylter Sansibar ist einfach genial. Wer sie kennt, will keine andere mehr. Am besten bereiten Sie zur Grillsaison gleich etwas auf Vorrat zu, denn gekühlt hält sie sich mehrere Wochen!

15 Min. 30 Min.

4 Flaschen (à 0,5 l)

Mittel

Pro Flasche: 406 kcal

Passierte Tomaten, Gewürze, Currypulver

PROBIEREN SIE AUCH ...

APFELMUS

10 Min. 20 Min. 6 Portionen
Der Apfel fällt nicht weit vom ... Mixtopf! Flott selbst gemacht – mit oder ohne Apfelschälen.

REMOULADE

10 Min. 10 Min. 10 Portionen
Der würzige Klassiker mit Gürkchen – perfekt zu Roastbeef, Sülze und geräucherter Putenbrust.

BASILIKUMPESTO

10 Min. 10 Min. 1 Schraubglas (350 g)
Traumpartner für Pasta gesucht? Pesto aus frischem Basilikum mit Parmesan und Pinienkernen.

KRÄUTERBUTTER

5 Min. 5 Min. 10 Portionen
Alles in Butter – einfach mit vielen frischen grünen Kräutern, Pfeffer und Salz geschmeidig rühren.

Saucen

Eine gute Sauce wertet jede Mahlzeit auf. Sie ist quasi ein Alleskönner, bringt mit gegensätzlichen oder ergänzenden Geschmacksnuancen Spannung auf den Teller und kann jedes Gericht durch Farbe oder Struktur aufpeppen. Es gibt „schnelle“ Saucen (z. B. Vinaigrette), aber auch solche, die etwas mehr Zeit benötigen (z. B. Sauce Hollandaise). Fertigsaucen kommen geschmacklich niemals an hausgemachte Saucen heran. Mit Thermomix® müssen Sie nie wieder eine Sauce aus der Packung kaufen, sondern können ganz leicht Ihre eigenen herstellen. Ohne Zusatzstoffe, aber dafür mit großartigem Geschmack!

VERSCHIEDENE SAUCEN

Von Klassikern wie der französischen Béchamelsauce oder der Sauce Hollandaise bis zum italienischen Pesto oder zur Tomatensauce gibt es eine Vielzahl von Saucen, mit denen ein Gericht abgewandelt werden kann. Herzhaft oder süß, von Land zu Land und manchmal sogar von Küche zu Küche unterschiedlich. Manche Saucen bestehen nur aus wenigen Zutaten, zum Beispiel eine Himbeersauce oder ein Basilikumpesto. Andere sind etwas komplexer, zum Beispiel eine japanische Teriyaki-Sauce oder unsere geniale Currywurst-Sauce à la Sansibar.

TIPPS

- Zu Pasta ein Klassiker, aber auch zu Baguette oder Käse unheimlich lecker: Mit Thermomix® ist ein Basilikumpesto einfach und schnell zubereitet. Wenn Sie eine kostengünstigere Zubereitungsart wählen möchten, ersetzen Sie die Pinienkerne durch Walnüsse oder geröstete Mandeln. Wählen Sie Ihre Lieblingsvariante von Cookidoo® aus: Persisches Pesto, Kürbiskern-Pesto, Walnuss-Pesto oder Tomaten-Pesto könnten schon bald bei Ihnen auf dem Tisch stehen!
- Fruchtsaucen verleihen Kuchen, Eiscreme und Desserts das gewisse Etwas. Mit Thermomix® sind sie ganz einfach herzustellen und schmecken dann im Unterschied zu fertigen Dessertsaucen wirklich fruchtig! Die meisten Beeren und Früchte müssen nicht einmal erhitzt werden. Pulverisieren Sie einfach ein wenig Zucker und mischen Sie diesen dann mit frischer Frucht.

Drei der beliebtesten Saucenarten möchten wir Ihnen im Detail vorstellen: mit Mehl angedickte Saucen, Reduktionen und Emulsionen.

Wussten Sie schon, … …
dass eine Mehlschwitze – eine Mischung aus Mehl und Butter zu gleichen Teilen – die klassische Art ist, französische Grundsaucen zu binden? Das Mehl „köchelt“ erst in der geschmolzenen Butter, dann wird nach und nach unter ständigem Rühren Flüssigkeit hinzugefügt.

Eine Mehlschwitze lässt sich super im Voraus herstellen und kann dann in einer Eiswürfelform bis zu 3 Monate eingefroren werden. Geben Sie die gefrorenen Würfel in Ihre Sauce oder dicken Sie damit Suppen oder Eintöpfe an.

MIT MEHL ANGEDICKTE SAUCEN

Die häufigste Variante beim Andicken von Flüssigkeiten wie Milch, Sahne, Brühe oder Jus ist das Hinzufügen eines Bindemittels. Mehl wird oft für pikante Saucen verwendet, wohingegen bei süßen Saucen Maisstärke ins Spiel kommt. Es können auch andere Bindemittel wie Kartoffelstärke oder Brot verwendet werden. Die Konsistenz der Sauce hängt von der Menge des zugefügten Bindemittels ab.

Tomatensauce: Ein gutes Beispiel dafür, wie Reduktion den natürlichen Geschmack intensiviert, ist die Tomatensauce. Denn das Geheimnis der Basiskombination aus wenigen einfachen Zutaten wie Knoblauch, Olivenöl, Tomaten und Salz ist die sanfte und lange Reduktion, die wie ein natürlicher Geschmacksverstärker wirkt. Die Rezepte für Tomatensauce sind so unterschiedlich wie die persönlichen Vorlieben; einige fügen getrocknete Tomaten hinzu, andere angedünstete Zwiebeln oder aromatische Kräuter. Die Sauce kann im Kühlschrank 3–5 Tage aufbewahrt werden. Sie eignet sich gut für Pizza oder kann heiß mit Pasta und geriebenem Käse serviert werden.

Béchamelsauce: Eine Sauce auf Milchbasis, die mit einer Mehlschwitze angedickt wird. Sie dient als Grundlage für sehr viele andere Saucen. Super für Gratins, Lasagne, Pies oder Pasteten geeignet.

TIPP | Durch das ständige Rühren und die Temperaturkontrolle im Thermomix® kann die Béchamelsauce ganz schnell und einfach hergestellt werden.

Sauce Aurore: Geben Sie 1 TL Tomatenmark in 500 g Béchamelsauce und rühren diese **15 Sek./Stufe 4**. Servieren Sie diese zu Eiern, gedünstetem Gemüse oder weißem Fisch.

Sauce Mornay: Geben Sie 50 g geriebenen Käse, 2 Eigelb und 20 g Sahne in 500 g Béchamelsauce und rühren Sie diese **15 Sek./Stufe 4**. Sie passt gut zu Makkaroni und Käse, Hähnchen oder Gemüsegratin.

REDUZIERTE SAUCEN

Die Reduktion ist der Prozess, bei dem eine Sauce durch Einkochen angedickt wird. Hierbei verdampft Wasser, der Geschmack der Sauce wird intensiver und die Konsistenz wird dicker.

BBQ (Barbecue)-Sauce: Sehr beliebt in den USA – und auch bei uns ein Hit! Sie eignet sich super zum Marinieren von Fleisch vor dem Braten oder Grillen, z. B. Schälrippchen oder Hähnchenschenkel. Natürlich ist sie auch perfekt als Garnitur für langsam gegarte Gerichte wie Pulled Pork geeignet.

Schokosauce: Die köstliche Garnitur für Eis, Vanillepudding, frische Früchte oder Pfannkuchen hält sich ca. eine Woche im Kühlschrank.

Vanillesauce: Wird mit Stärke und Eiern oder Eigelb angedickt (siehe Cookidoo® Rezept Vanillesauce für jeden Tag). Wenn Sie etwas Kurkuma zugeben, bekommt die Sauce eine schöne gelbe Farbe. Vanillesauce kann zu frischen Früchten, Eis oder Schokoladenkuchen serviert werden.

EMULGIEREN

Beim Emulgieren werden zwei Zutaten, die sich nicht einfach vermischen lassen, mithilfe einer weiteren Zutat, meistens Ei, miteinander verbunden. Zu den emulgierten Saucen zählen Vinaigrette, Mayonnaise und Zabaglione.

Vinaigrette: Eine Vinaigrette ist eine Emulsion aus Öl und Essig mit Kräutern und Gewürzen, ideal geeignet für einen leckeren grünen Salat oder einen Rohkostsalat. Welche Kräuter und Gewürze Sie dabei kombinieren, ist Ihnen überlassen, verwenden Sie einfach Ihre Lieblingszutaten.

TIPP | Sie können eine Vinaigrette nicht nur als Salatdressing verwenden, sondern auch Fleisch oder Fisch darin marinieren.

Mayonnaise: Die klassische Mayonnaise ist eine Emulsion mit frischem Eigelb, die selbst gemacht gleich doppelt so lecker schmeckt. Wer auf das Eigelb verzichten möchte, kann Veganaise – vegane Mayonnaise von Cookidoo® zubereiten, bei der mit Sojadrink emulgiert wird.

TIPP | Sie können die Mayonnaise mit Kräutern und Gewürzen zu etwas ganz Besonderem machen. Probieren Sie zum Beispiel: Koriander-, Curry- oder Avocado-Mayonnaise.

Zabaglione: Für Zabaglione wird Eigelb mit Zucker und Wein zu einem luftig leichten Schaum aufgeschlagen. Zabaglione, oder auch Sabayon, kann als Sauce zu Obst, Kuchen oder Eis serviert werden oder auch selbst das Dessert sein. Genau das Richtige für einen besonderen Anlass.

TIPP | Für eine herzhafte Zabaglione ersetzen Sie den Zucker z. B. durch Senf und aromatische Kräuter. Diese leichte Sauce eignet sich dann ideal für Fisch- oder Gemüsegerichte.

TIPPS | EMULGIERTE SAUCEN

- Saucen, die zum Emulgieren erhitzt werden, sofort nach der Zubereitung servieren, damit sie sich nicht wieder trennen.
- Wenn Ihnen eine Sauce zu fest wird oder sich trennt, geben Sie 2 EL Flüssigkeit (Milch, Wasser, etc.) zur Sauce und vermischen Sie die Sauce wenige Sekunden auf derselben Stufe, auf der die Sauce erhitzt wurde. Wenn die Sauce zu flüssig ist, emulgieren Sie sie etwas länger.

SAUCE HOLLANDAISE, DIE IMMER GELINGT

Durch eine konstante Temperatur und den Rühraufsatz wird die Sauce Hollandaise präzise erhitzt und dabei luftig aufgeschlagen.

TIPPS

- Geben Sie statt Wasser die Garflüssigkeit von Fleisch oder Fisch, zu dem Sie die Sauce servieren wollen, in die Sauce.
- Für **Malteser Sauce** ersetzen Sie Zitronensaft durch Orangensaft.

Bisher haben Sie sich nie an eine Sauce Hollandaise getraut? Dafür gibt es mit Ihrem Thermomix® keinen Grund mehr, denn nun können Sie die perfekte Sauce Hollandaise ganz einfach selbst machen. Schlagen Sie einfach die Zutaten für die Sauce mithilfe des Rühraufsatzes im Thermomix® auf und geben Sie langsam geschmolzene Butter auf den Mixtopfdeckel, die so in einem dünnen Strahl am Messbecher vorbei in den Mixtopf laufen kann.

SAUCE HOLLANDAISE

- 15 Min.
- 15 Min.
- ca. 350 g
- Einfach
- Pro 100 g: 598 kcal
- Butter, Eigelb, Zitronensaft

Butter schmelzen und Emulgieren: Beides gelingt mit Thermomix® so einfach! Eine Sauce Hollandaise zum Dahinschmelzen – aber gehaltvoll! Da sie jedoch klassisch mit Spargel und jungen Kartoffeln oder Fisch und Gemüse kombiniert wird, gleichen die leichten „Tellerpartner" das wieder aus.

TOMATENSAUCE FÜR JEDEN TAG

Bitte bevorraten Sie sich – unbedingt sogar! Denn ob für Pasta oder Pizza, mit dieser Tomatensauce zaubern Sie immer ein Ass aus dem Ärmel auf den Teller. Es lohnt sich also, mehr davon zu kochen und im Schraubglas kühl aufzubewahren oder einfach portionsweise einzufrieren.

10 Min. 30 Min.

6 Portionen

Einfach

Pro Portion: 73 kcal

geschälte Tomaten, Suppengemüse, Gewürze

BBQ-SAUCE

Bereit zum BBQ-Saucen-Tasting? Dieses Rezept hat es je nach Spezialzutat – wahlweise Cola oder Whiskey – ganz schön in sich. In der Grillsaison ist die BBQ-Sauce ein absolutes Must-have zu Steaks, Burgern und allem Gegrillten. Schmeckt göttlich – am besten gehen Sie gleich in Serienproduktion …

10 Min. 20 Min.

8 Portionen

Einfach

Pro Portion: 58 kcal

Knoblauch, Ketchup, Gewürze

VEGANES SYLTER SALATDRESSING

Veganes, cremiges Salatdressing, das auf Vorrat zubereitet werden kann, zu grünem Salat oder bunt gemischten Salaten.

- 10 Min. · 1 Std. 15 Min.
- 1 Flasche (1 l)
- Einfach
- Pro Flasche: 2610 kcal
- Sojadrink, Gewürze, Apfelessig, Öl

SCHOKOSAUCE FÜR JEDEN TAG

5 Min. 20 Min.

500 g

Einfach

Pro 100 g: 268 kcal

Vanilleschote, Schokolade, Milch

Einfach zum Dahinschmelzen, denn die Basis dieser Schokosauce aus dem Thermomix® ist geschmolzene Zartbitterschokolade. Und das Beste: Sie haben die volle Kontrolle über die Qualität jeder einzelnen Zutat. Ein Schokoladentraum zu Pfannkuchen, Waffeln und Vanilleeis mit Früchten.

HIMBEERSAUCE

Mmmh, so was von samtig … und himmlisch im Duett mit Panna Cotta, weißer Schokomousse und Vanilleeis. Damit die Himbeersauce eine so schön glatte Konsistenz bekommt, wird sie durch ein Sieb gestrichen. Sie lässt sich auch als fruchtiger Saucen-Traum aus Mango oder Erdbeeren zubereiten.

10 Min. 10 Min.

6 Portionen

Einfach

Pro Portion: 49 kcal

Himbeeren, Zitronensaft, Zucker

PROBIEREN SIE AUCH ...

BÉCHAMELSAUCE

5 Min. · 15 Min. · 4 Portionen

Lassen Sie das Mehl leicht schwitzen! Saucen-Klassiker ohne Anbrennen und ohne Klumpen.

KÄSESAUCE

5 Min. · 15 Min. · 4 Portionen

Cheeeeese! Perfekte Sauce zum Überbacken und allzeit bereit für herzhafte Aufläufe.

COCKTAIL-DRESSING

5 Min. · 5 Min. · 300 g

In 5 Minuten ist Cocktail-Time! Passt super zu Meeresfrüchten, Fisch, Geflügel und Chicorée.

KRÄUTER-VINAIGRETTE

10 Min. · 15 Min. · 1 Flasche (500 g)

Grün und Grün gesellt sich gern: kräuterfrische Vinaigrette für knackige Blattsalate und Gemüse.

SENF-DILL-SAUCE

10 Min. · 2 Std. · 8 Portionen

Manche mögen's kalt: Sekundenschnell gemacht, dann für 2 Stunden ab in den Kühlschrank.

Meine *Alltagsküche*

Meine Woche

Thermomix® TM6 ist viel mehr als ein perfekter Küchenhelfer. Denn: Er ist mit Cookidoo® verbunden! Dort können Sie nicht nur in Rezepten schmökern, sondern Ihren Speiseplan erstellen, Lieblingsrezepte für mehrere Tage oder Wochen planen und im Handumdrehen Ihre Einkaufsliste erstellen. Dazu gibt es den REWE-Lieferservice, falls einmal die Zeit zum Einkaufen fehlt. Und wenn Sie bereit zum Kochen sind, dann sind Ihre Rezepte es auch. So einfach ist das!

WOCHE PLANEN: DREI VORTEILE

GESÜNDER ESSEN

Wenn Mahlzeiten gut geplant werden, isst man fast automatisch abwechslungsreicher und ernährt sich ausgewogener. Ohne Planung neigen wir dazu, immer wieder die gleichen Gerichte zu kochen, häufiger zu Fertigmahlzeiten zu greifen oder öfter beim Lieferservice zu bestellen. Mit Cookidoo® ist das Planen ganz einfach! Sie können Ihre Mahlzeiten festlegen und individuell auswählen, sich für Fisch, Fleisch oder vegetarische Gerichte entscheiden; Sie können saisonale und frische Zutaten wählen, Zwischenmahlzeiten und Brotzeiten einplanen – alles so, wie es Ihnen am liebsten ist.

ZEIT SPAREN

Wenn Sie richtig planen, können Sie beispielsweise größere Mengen kochen und den Rest einfrieren. Kochen Sie gleichzeitig mehr als ein Gericht, indem Sie alle vier Ebenen des Thermomix® (siehe „Kochschule: All-in-one" auf S. 136) nutzen.

GELD SPAREN

Wenn Ihre Rezeptplanung fertig ist und die Einkaufsliste erstellt, wissen Sie genau, welche Zutaten Sie in welchen Mengen kaufen müssen und vermeiden Abfall. Durch sorgfältige Planung lassen sich auch typische Impulskäufe vermeiden, da man weniger oft einkaufen geht. Sie werden sehen: Es lohnt sich!

DER WÖCHENTLICHE SPEISEPLAN – SO FUNKTIONIERT'S!

TERMINKALENDER-CHECK

Schauen Sie in Ihrem Terminkalender nach, was nächste Woche ansteht: Müssen Sie an manchen Tagen länger arbeiten? Welche Termine haben die Kinder? Gehen Sie mit Freunden aus, haben Sie Gäste eingeladen? Mit dem genauen Überblick lässt es sich leichter planen.

VORRATS-CHECK

Bevor Sie den Speiseplan erstellen, werfen Sie am besten noch einmal einen Blick in Kühlschrank und Speisekammer oder Vorratsregale. So wissen Sie, welche Zutaten Sie bereits zu Hause haben und welche zuerst aufgebraucht werden sollten bzw. was neu eingekauft werden muss.

REZEPTE AUSWÄHLEN

Sie können Rezepte nach der gesamten Zubereitungszeit, nach Mahlzeittyp, Anzahl der Portionen und nach Vorlieben oder Anlass auswählen – und auch danach, ob sie sich besonders gut vorab zubereiten lassen (lesen Sie dazu „Jetzt kochen, später essen!" auf S. 146). Mit Cookidoo® lassen sich die Rezepte zu Ihrer Wochenplanung unter "Meine Woche" hinzufügen. Wenn Sie dann noch Ihre persönlichen Rezeptlisten anlegen, mit Rezepten füllen und benennen, z. B. „Wenn's schnell gehen muss" oder „Pauls Lieblingsessen", haben Sie die jeweils passenden Rezepte sofort zur Hand.

TIPP | Saisonale Zutaten sind frischer, kostengünstiger und schmecken besser. Außerdem tun Sie sogar noch etwas für die Umwelt, da Saisonware oft von regionalen Anbietern stammt und lange Transportwege entfallen.

EINKAUFSLISTE ERSTELLEN

Nachdem Sie Ihre Wochenplanung fertig gestellt haben, können Sie Ihre Einkaufsliste erstellen und bei Bedarf noch anpassen. Jetzt kann die Woche starten!

TIPPS

- **Kleine Schritte, große Wirkung**
  Lassen Sie es langsam angehen, wenn Sie zum ersten Mal einen wöchentlichen Speiseplan aufstellen. Indem Sie zum Beispiel nur das Abendessen im Voraus planen und nicht gleich die ganze Woche, sondern nur 2–3 Tage. So tasten Sie sich allmählich an die Wochenplanung heran. Diese wollen Sie bestimmt schon bald nicht mehr missen!
- **Familie einbeziehen**
  Lassen Sie Ihre Kinder mitplanen! Wenn sie Mahlzeiten auswählen dürfen, probieren die meisten Kids gerne etwas Neues aus – und freuen sich natürlich besonders, wenn ihre Lieblingsgerichte auf dem Speiseplan landen. Mit Cookidoo® ist die Erstellung des Wochenplans ein Spaß für die ganze Familie.
- **Seien Sie kreativ!**
  Thermomix® gibt Ihrer Kreativität beim Kochen einen Kick. Denn die Vielzahl der Rezepte, auf die Sie zugreifen können, motiviert einfach dazu, Neues zu entdecken. Exotische Zutaten, abwechslungsreiche vegetarische Gerichte, spannende Geschmackserlebnisse aus verschiedenen Ländern ... Heute ein Thai-Curry, morgen ein mexikanischer Snack – probieren Sie es aus!

Allein bei nur 30 Minuten Zeitersparnis pro Woche lohnt sich das Vorausplanen für Sie und Ihre Familie – finden Sie nicht auch? Keine Sorge, wenn Sie bisher eher spontan gekocht haben: Thermomix® gibt Ihnen die Werkzeuge und so viele leckere Rezept-Inspirationen an die Hand, dass die Planung schnell zur Gewohnheit wird!

KOKOS-PORRIDGE MIT HIMBEEREN

Porridge ist fade? Von wegen! Dieses Rezept beweist zusammen mit vielen anderen Varianten auf Cookidoo®, wie super ein Porridge-Kickstart in den Tag schmecken kann. Die Kombination von Kokos, Hafer, Chia, frischen Himbeeren und Topping ist lecker, gehaltvoll und obendrein noch vegan!

10 Min. 20 Min.

2 Portionen

Einfach

Pro Portion: 348 kcal

Haferflocken, Kokosdrink, Himbeeren

MANGOLD-INGWER-SMOOTHIE

Je grüner, desto Smoothie! Hier ist Mangold der Farbgeber, der zudem reichlich Vitamine und Mineralstoffe mitbringt. Orange und Apfel machen den Green Smoothie süß-fruchtig, Ingwer sorgt für leichte Schärfe. Übrigens: Cookidoo® ist ein Eldorado für Smoothie-Fans – in allen Farben!

- 10 Min. 10 Min.
- 4 Gläser
- Einfach
- Pro Glas: 111 kcal
- Mangold, Ingwer, Orangen

TROPICAL SMOOTHIE BOWL MIT HIMBEEREN UND HANFSAMEN

15 Min. 15 Min.

2 Portionen

Einfach

Pro Portion: 413 kcal

Banane, Mango, Ananas

Lust auf Sunshine Reggae zum Frühstück? Nichts leichter als das – mit unserem fruchtigen Püree aus Mango, Ananas und Banane. Dazu eine Garnitur aus Hanfsamen und Kokoschips, noch ein paar Himbeeren als dekorative Farbtupfer und Sie können mit allen Sinnen Tropical Feeling genießen!

DATTEL-CURRY-DIP

Wenn die süße Dattel im Mixtopf mit würzigem Curry, Cayenne-Pfeffer, Knoblauch und Frischkäse flirtet, entsteht daraus etwas sehr Pikantes. Dieser verführerisch-cremige Dip ist unfassbar einfach und schnell in nur 10 Minuten fertig. Zu Baguette passt er ebenso gut wie zu kernigem Vollkornbrot.

5 Min. 5 Min.

12 Portionen

Einfach

Pro Portion: 160 kcal

Datteln, Frischkäse, Currypulver

MÜSLI NACH BIRCHERART

Glücklichmacher am Morgen gesucht? Hier ist er, inspiriert vom klassischen Bircher Müsli, aber ohne Einweichen. Einfach nur Mandeln und Obst im Mixtopf zerkleinern, Joghurt unterrühren und sofort gesund frühstücken. Schmeckt nicht nur mit Banane, Birne, Apfel und Orange – variieren Sie!

10 Min. 10 Min.

4 Portionen

Einfach

Pro Portion: 198 kcal

Mandeln, Joghurt, gemischtes Obst

PROBIEREN SIE AUCH …

MILCHSCHAUM

5 Min. 10 Min. 2–4 Portionen
Schaum, geboren aus eiskalter Milch und so, wie Sie Ihren Milchschaum mögen – warm oder kalt!

NUSS-SCHOKO-AUFSTRICH

15 Min. 15 Min. 12 Portionen
Natur pur aufs Brot aus Haselnüssen, Kakao, Butter und Honig – schön cremig und natürlich süß.

MÖHREN-TOMATEN-AUFSTRICH

10 Min. 20 Min. 10 Portionen
Drei auf einen Streich: Warm als Pesto, kalt als Dip oder Aufstrich – so vielseitig kann Gemüse sein!

MEDITERRANER KÄSEAUFSTRICH

5 Min. 5 Min. 8 Portionen
Griechenland lässt grüßen: pikanter Aufstrich aus Feta und Frischkäse mit Petersilie und Knoblauch.

EIER, GEKOCHT

5 Min. 20 Min. 4 Stück
Nie mehr Geschrei ums Frühstücksei dank individueller Garzeit von butterweich bis hart gekocht.

REGENBOGENQUICHE

20 Min. 1 Std.

12 Stücke

Mittel

Pro Stück: 510 kcal

Cheddar, Erbsen, Schinkenspeck, Schmand

Ein echtes Patentrezept, familienfreundlich und partytauglich zugleich! Inklusive Backzeit ist ein ganzes Blech dieser kunterbunten Quiche in nur 1 Stunde fertig. Schmeckt frisch aus dem Ofen, aber auch kalt als Fingerfood am Abend oder am nächsten Tag als Schul- und Büroverpflegung.

ENERGIERIEGEL

Get fit! – Dem Energiemangel schieben wir hier einen nussig-fruchtigen Riegel vor. Oder vielmehr gleich einen Wochenvorrat von 20 Stück – genau richtig zum schnellen Auftanken beim Sport, als gesunder Frühstücks- oder Pausensnack und als kleine Stärkung zwischendurch.

15 Min. 40 Min.

20 Stück

Einfach

Pro Stück: 214 kcal

getrocknete Früchte, Nüsse, Honig

NUDELSALAT MIT GETROCKNETEN TOMATEN

Wetten, dass diesem mediterranen Nudelsalat alle „farfallen"? Weil er am besten schmeckt, wenn er durchgezogen ist, können Sie ihn in aller Ruhe vorbereiten – auch zum Mitnehmen für den nächsten Tag. Den frischen Rucola aber immer erst kurz vor dem Essen unterheben, damit er knackig bleibt.

- 20 Min. 1 Std. 40 Min.
- 8 Portionen
- Einfach
- Pro Portion: 509 kcal
- Farfalle, getrocknete Tomaten, Mozzarella, Rucola

PIZZA-MUFFINS

20 Min. 50 Min.

12 Stück

Mittel

Pro Stück: 208 kcal

Gouda, Salami, Paprika

Außen Muffin, innen Pizza! Der saftige Rührteig mit Salami und frischer Paprika ist mit dem Thermomix® ganz einfach herzustellen. Dann nur noch in Förmchen füllen und im Ofen mit Käse überbacken. Diese herzhafte Variante ist auch eine tolle Kindergeburtstags- und Party-Überraschung.

SAHNE-GRIESS-PUDDING

„Pudding", sprach er, „ist mein Bestes!", heißt es bei Wilhelm Busch. Gemeint ist natürlich er – der Grießpudding. Mit Himbeersauce oder rotem Kompott serviert, lässt er süße Herzen höherschlagen. Dieser Klassiker gelingt im Thermomix® ganz leicht in nur 20 Minuten und schmeckt herrlich sahnig.

10 Min. 20 Min.

8 Portionen

Einfach

Pro Portion: 332 kcal

Milch, Sahne, Hartweizengrieß

PROBIEREN SIE AUCH ...

MILCHREIS

5 Min. 1 Std. 8 Portionen

Eine Stunde selber Milchreis rühren? Macht Thermomix® für Sie und nichts brennt an oder kocht über!

FITNESS-SALAT

10 Min. 10 Min. 6 Portionen

Fitness im „Sixpack"! Aus gemischter Rohkost nach Saison – schnell serviert, kernig und lecker.

MÜSLIBRÖTCHEN (SÜSS)

20 Min. 2 Std. 12 Stück

Müsli für die Brotdose: Dieser leckere Pausensnack mit fruchtiger Süße gibt schnell Energie!

ERBSEN-MINZ-SUPPE

15 Min. 30 Min. 4 Portionen

Erbsensuppe mal nicht wie bei Muttern. Ohne Speck, dafür mit frischer Minze und Crème fraîche!

KÄSE-PORREE-SUPPE

10 Min. 30 Min.

4 Portionen

Einfach

Pro Portion: 625 kcal

Hackfleisch, Porree, Kräuterschmelzkäse

„Wovon sollt' ich satt sein?“, beschwert sich die Ziege im Märchen „Tischlein deck dich“. Wir hätten da einen deftigen Sattmacher-Tipp: Käse-Porree-Suppe mit Hackfleisch! Der Klassiker ist einer von vielen herzhaften Eintöpfen auf Cookidoo®, die in kürzester Zeit dampfend auf dem Tisch stehen.

KÜRBISSUPPE

Süßes oder Saures – oder doch lieber Kürbissuppe? Im Herbst können Sie beim Kürbisschnitzen das Kürbisfleisch für diese cremige Suppe verwerten. Und wenn Sie keine Zeit zum Schnitzen und Schälen haben, nehmen Sie Hokkaidos. Vor dem Servieren wird die Suppe im Thermomix® noch fein püriert.

- 15 Min. 35 Min.
- 6 Portionen
- Einfach
- Pro Portion: 178 kcal
- Kürbis, Gewürze, Sahne

SATTMACHER-SALAT

20 Min. 40 Min.

4 Portionen

Mittel

Pro Portion: 365 kcal

Putenbrustfilets, getrocknete Tomaten, Champignons, Schafskäse

„Für mich nur ein Salat …" – Magenknurren vorprogrammiert? Nicht mit diesem Sattmacher! Der ist schnell fertig, da ist richtig was drin, und Low Carb ist er auch noch! Während Gemüse, Putenfleisch und Eier gleichzeitig im Thermomix® garen, können Sie schon Blattsalat und Schafskäse vorbereiten.

KARTOFFELSALAT BADISCHE ART

So lecker Kartoffelsalat zu Schnitzel, Frikadellen und Würstchen ist, so lästig ist das Pellen. Darum kann bei diesem Salat aus jungen Drillingen die zarte Schale dranbleiben, wenn Sie möchten. Umso schneller lässt er sich in vielen Varianten schon am Vortag zubereiten, damit er vor Grillparty & Co. noch durchziehen kann.

- 20 Min. 6 Std.
- 6 Portionen
- Einfach
- Pro Portion: 189 kcal
- Kartoffeln, Zwiebeln, Senf, Essig, Öl

KARTOFFELSUPPE

Die löffeln alle gerne, auch die Vegetarier: cremige Kartoffelsuppe mit buntem Gemüse-Topping.

- 20 Min. 1 Std.
- 4 Portionen
- Einfach
- Pro Portion: 229 kcal
- Kartoffeln, gemischtes Gemüse, Crème fraîche

PROBIEREN SIE AUCH ...

SPARGELCREMESUPPE

20 Min. 40 Min. 6 Portionen

Die Crème de la Crème aller Spargelsuppen – mit Sahne und einem Schuss Weißwein verfeinert.

APFEL-MÖHREN-ROHKOST

5 Min. 5 Min. 4 Portionen

Rohköstlicher Salat aus fein zerkleinerten Äpfeln und Möhren mit etwas Sahne, Öl, Salz und Zitrone.

MINESTRONE

20 Min. 45 Min. 6 Portionen

Der Suppenklassiker aus Italien – einfach super zum Verwerten von bunt gemischtem Gemüse!

GRIESSKLÖSSCHEN (SUPPENEINLAGE)

10 Min. 25 Min. 6 Portionen

Bekomme ich noch ein Klößchen? Bereiten Sie reichlich zu, dann ist das Suppenglück perfekt.

BROKKOLISALAT MIT PINIENKERNEN

5 Min. 5 Min. 6 Portionen

Der Star unter den Rohkost-Salaten – aber ohne Starallüren. Sensationell schnell und superlecker.

GEMÜSE-EINTOPF

Da hüpft Ihr Lieblingsgemüse in die Suppe – mit oder ohne Speck! Sie können nach Herzenslust variieren und Gemüse der Saison verwenden, z. B. Möhre, Zucchini, Kürbis oder Süßkartoffel. Das Sautieren bei hoher Temperatur verleiht dem Eintopf eine knackig-pikante Note.

Exklusiv für TM6

- 20 Min. 50 Min.
- 4 Portionen
- Einfach
- Pro Portion: 160 kcal
- gemischtes Gemüse, Suppennudeln, Gewürzpaste für Gemüsebrühe, Olivenöl

GEMÜSECREMESUPPE

15 Min. 45 Min.

6 Portionen

Einfach

Pro Portion: 111 kcal

gemischtes Gemüse, Suppengemüse, Gewürzpaste für Gemüsebrühe, Olivenöl

Brrr – kalt draußen … wie wär's dann mit etwas Wärme von innen? Dieses Basisrezept für eine fein pürierte Suppe können Sie beliebig abwandeln. Gemischtes Gemüse der Saison, nur eine Sorte wie Möhren, ein Klecks Crème fraîche dazu oder mit Croûtons servieren … so, wie Sie es mögen.

Risotto

Italien ist für seine Pasta berühmt, aber auch Reis hat dort eine lange Tradition. Vor allem der Norden bietet ideale Bedingungen für den Reisanbau, denn das Land ist flach und reich an Wasser. Über hundert Sorten Reis werden in Norditalien angebaut, und es gibt wohl mindestens ebenso viele Rezepte für das typisch italienische Risotto. Die wichtigsten Eigenschaften eines Risottos sind die festen, „al dente" gekochten Reiskörner und eine cremige Konsistenz. Um beides zu erreichen und ein Anbrennen zu verhindern, ist traditionell ständiges Rühren bei gleichmäßiger Hitze erforderlich, während immer wieder heiße Brühe dazugegeben wird.
Da im Thermomix® das Risotto automatisch gerührt und gegart wird, gelingt es immer perfekt!

ÖL UND BUTTER

Eine Mischung aus Olivenöl und Butter ergibt guten Geschmack und eine geschmeidige Konsistenz. Je nach Vorliebe können Sie aber auch nur Öl verwenden. Darin dünsten Sie den Reis zunächst leicht an, wobei er nicht braun werden darf. Zum Schluss wird vorsichtig kalte Butter unter das Risotto gehoben. Anschließend gönnen wir ihm eine Minute Ruhe – und uns die Vorfreude auf den Genuss!

TIPP | „Mantecare" ist italienisch und beschreibt den Prozess des Unterrührens der Butter und des Parmesans, um den Reis zu überziehen und Stärke mit Fett zu verbinden. So wird das Risotto geschmacklich vollendet.

ZUTATEN

REIS

Für Risotto eignet sich Mittelkorn- oder Risottoreis. Die am häufigsten verwendeten Sorten sind Carnaroli, Arborio und Baldo, weil sie viel Flüssigkeit aufnehmen und eine cremige Sauce ergeben, dabei aber ihren „Biss" behalten.

Reis ist glutenfrei, weshalb sich Risotto gut für die glutenfreie Ernährung eignet. Wenn kein Risottoreis verfügbar ist, nehmen Sie einfach Mittelkorn- oder Kurzkornreis. Parboiled Reis sollten Sie jedoch nicht verwenden, da er keine cremige Sauce ergibt. Pro Portion Risotto benötigen Sie 80 g Reis.

TIPP | Wenn Sie den Reis zunächst in Öl oder Butter andünsten, bevor Sie die Flüssigkeit hinzugeben, wird er aromatischer und erhält eine geschmeidige Konsistenz. Durch das stetige Rühren der Reiskörner in der heißen Brühe wird die stärkehaltige äußere Schicht abgerieben und verbindet sich mit der Brühe. Dies macht das Risotto so cremig. Deshalb: Auf den richtigen Reis kommt es an – und auch aufs Rühren!

PARMESAN

Statt Parmesan zu reiben, können Sie ihn einfach im Thermomix® zerkleinern – am besten, bevor Sie mit der Zubereitung des Risottos beginnen. Zum Schluss geben Sie dann den Käse mit etwas Butter unter das Risotto und stellen es zur Seite, bis der Parmesan und die Butter geschmolzen sind. So wird das Risotto noch cremiger.

ZWIEBELN

Der erste Schritt zum Risotto: Gehackte Zwiebeln in Öl und Butter andünsten, bis sie glasig sind. Was für den Reis gilt, gilt auch für die Zwiebeln: Sie dürfen nicht braten, weil dies den Geschmack des Risottos beeinträchtigt.

BRÜHE

Verwenden Sie Hühner-, Rinder-, Fisch- oder Gemüsebrühe, je nach Rezept – idealerweise selbst gemacht auf Basis einer der Thermomix® Gewürzpasten. Die Brühe kann auf einmal hinzugefügt werden, wenn Sie das Risotto im Thermomix® zubereiten; es ist dann nicht notwendig, diese nach und nach hinzuzugeben.

WEIN

Trockener Weißwein wird zu Beginn in den heißen Reis gerührt und dann reduziert, um das Risotto gehaltvoller im Geschmack zu machen und ihm eine leichte Säure zu verleihen. Verwenden Sie 15–20 g Wein pro 80 g Reis.

TIPP | Wenn Sie lieber ohne Alkohol kochen möchten, können Sie die leichte Säure auch erreichen, indem Sie eine Mischung aus 2 Teilen Wasser und 1 Teil Essig hinzufügen. Beginnen Sie mit 5 g Essig und 10 g Wasser pro Portion.

GEWÜRZE

Zum Ende der Garzeit geben Sie Salz und frisch gemahlenen schwarzen Pfeffer dazu, je nach Geschmack und Vorliebe.

KONSISTENZ DES RISOTTOS

Das fertige Risotto wird köstlich cremig und samtig. Die Körner liegen saftig in der Brühe, schwimmen aber nicht darin. Das Risotto sollte sich insgesamt bewegen, aber nicht so flüssig wie eine Suppe oder ein Schmorgericht sein, jedoch auch nicht so fest wie eine Terrine. Italiener nennen diese Konsistenz „all'onda" oder „wellig". Warum? Weil eine Welle über das Risotto gleiten soll, wenn der Topf angehoben wird – dann ist es perfekt!

RISOTTO-VIELFALT

Risotto ist ein sehr vielseitiges Grundrezept, das nach Lust und Laune abgewandelt werden kann – geschmacklich mit Pilzen oder Spargel, aber auch farblich. Bringen Sie doch einmal eine besondere Farbe auf den Teller: Rotkohl-Risotto sieht zum Beispiel wunderschön violett aus und das Risotto alla Milanese leuchtet in einem kräftigen Gelb.

TIPP | Ist vom Risotto mal etwas übrig geblieben, können Sie daraus später Puffer zubereiten. Lassen Sie dazu das Risotto abkühlen und stellen es kalt – im Kühlschrank hält es sich ca. einen Tag. Aus der kalten Mischung lassen sich Puffer formen, die Sie noch mit etwas Mozzarella füllen können. Dann einfach in Paniermehl wälzen und braten, bis sie ganz durch sind.

Ein gutes Risotto auf die traditionelle Art zu kochen, erfordert Ihre ganze Aufmerksamkeit und Konzentration. Mit Thermomix® gelingt es garantiert, denn er hält immer die richtige Temperatur und rührt in der richtigen Drehzahlstufe. So können Sie sich jedes Mal auf ein perfekt samtiges Ergebnis freuen und Bella Italia zieht mit Leichtigkeit bei Ihnen zu Hause ein.

RISOTTO

15 Min.

30 Min.

4 Portionen

Einfach

Pro Portion: 433 kcal

Parmesan, Butter, Risotto-Reis, Gemüsebrühe

Ein köstliches Parmesan-Risotto ist ein tolles Basisgericht. Sie können die Geschmacksrichtung durch diese Varianten ändern:

- **Safran-Risotto:** Geben Sie 2 Prisen Safran zum Wasser.
- **Pilz-Risotto:** Geben Sie 250 g frische Pilze (in Stücke geschnitten, falls zu groß) oder 50 g getrocknete Pilze (30 Minuten in Wasser eingeweicht und ausgedrückt) zusammen mit der Butter im 3. Schritt hinzu. Gehen Sie weiter nach Rezept vor.
- **Tomaten- und Basilikum-Risotto:** Geben Sie 100 g gehackte frische Tomaten und 2 EL Basilikumblätter am Ende zusammen mit der Butter dazu.
- **Hackfleisch-Risotto:** Das beliebteste Risotto-Rezept auf Cookidoo®!
- **Sauerkraut-Risotto:** Ungewöhnlich, aber sooo lecker!
- **Blumenkohl-Risotto mit Schinken und Erbsen:** Unsere schnelle Low Carb-Variante, die allen schmeckt!

Achten Sie darauf, dass die maximale Menge an Reis, die für dieses Grundrezept auf einmal gekocht werden kann, bei 500 g liegt. Denken Sie auch daran, dass sich das Volumen im Mixtopf durch die Zugabe weiterer Zutaten (z. B. Pilze oder Fleisch) vergrößert, sodass Sie die Reismenge eventuell anpassen müssen.

SPAGHETTI BOLOGNESE

Kommt nicht aus der Tüte – und das schmeckt man! Das aromatische Saucen-Geheimnis besteht aus Speck, Rotwein und reichlich gesundem Gemüse. Da der Thermomix® das Gemüseschnippeln und vieles mehr übernimmt, können Sie sich in dieser Zeit auf das Kochen der Nudeln konzentrieren.

20 Min. 40 Min.

4 Portionen

Mittel

Pro Portion: 1093 kcal

Hackfleisch, stückige Tomaten, Gewürze

SCHLEMMERFILET MIT TOMATENREIS

15 Min. 45 Min.

4 Portionen

Einfach

Pro Portion: 617 kcal

Fischfilets, Parmesan, Reis, Tomaten

Fisch auf den Tisch – mit herrlicher Knusperkruste aus frischen Kräutern, Paniermehl und Parmesan. Wenn Sie die Fischfilets zum Überbacken in den Ofen geschoben haben, garen Sie den Tomatenreis im Thermomix®. So gelingt mit wenig Aufwand ein tolles Lieblings-Familienessen für 4 Personen.

NUDELAUFLAUF MIT SPINAT

So läuft Spinat zur Höchstform auf – im Varoma® vorgegart, kräftig gewürzt und dann mit Nudeln, Schinken, Sahne und Käse im Ofen überbacken. An kalten Tagen ist dieser leckere Auflauf ein echter „Einheizer", der in kürzester Zeit dampfend auf dem Teller liegt und von innen wärmt.

- 30 Min.
- 1 Std. 20 Min.
- 4 Portionen
- Einfach
- Pro Portion: 770 kcal
- Nudeln, Spinat, Emmentaler, Schinkenspeckwürfel

HÄHNCHEN-PILAW

Orient-Express für zwei mit Hähnchen, Möhren, Mandel-Topping und Joghurt-Dip. In unserer genial einfachen Variante des orientalischen Klassikers verwenden wir vorgegarte Weizenkörner mit knackigem Biss. Während sie im Mixtopf köcheln, garen Fleisch und Möhren gleichzeitig im Varoma®.

- 20 Min. 45 Min.
- 2 Portionen
- Einfach
- Pro Portion: 498 kcal
- Hähnchenbrustfilet, Sonnenweizen, Joghurt, Trauben

WIRSING-PASTA

Gönnen Sie dem Wirsing mal eine Nudelparty! Pfiffig, preiswert und perfekt für 2 Personen.

15 Min. 35 Min.

2 Portionen

Mittel

Pro Portion: 694 kcal

Linguine, Wirsing, Frischkäse, gekochter Schinken

PROBIEREN SIE AUCH …

GEMÜSE-GEWÜRZ-REIS

20 Min. 45 Min. 4 Portionen
Wie das duftet! Würzig-exotisches Reisgericht mit Aprikosen, Nüssen und Zimt-Kardamom-Note.

SUSHIREIS

30 Min. 1 Std. 30 Min. 4 Portionen
Sushi-Buffet zu Hause eröffnen? Tolles Rezept für Klebreis und würzige Sushireis-Vinaigrette.

REIS, GEKOCHT

5 Min. 25 Min. 6 Portionen
Langkorn, Rundkorn, Parboiled Reis oder Duftreis: Im Gareinsatz gelingt jede Sorte wunderbar.

NUDELN, GEKOCHT

5 Min. 25 Min. 4 Portionen
Al dente? Pronto! Spaghetti und andere Nudeln garen im Mixtopf schön locker auf den Punkt.

SPAGHETTI CARBONARA

10 Min. 35 Min. 4 Portionen
Wie beim Lieblingsitaliener: Spaghetti und Schinkenwürfel, traulich vereint in einer cremigen Sauce.

PAPRIKA-HÄHNCHEN-GESCHNETZELTES ZU BANDNUDELN

20 Min. 40 Min. 6 Portionen
Sechs hungrige Mägen, wenig Zeit und Hähnchenbrust im Kühlschrank? Dann ist das Ihr Rezept!

Veggielove

Auf Fleisch verzichten oder den Fleischkonsum bewusst reduzieren: Das ist nicht nur ein kurzlebiger Ernährungstrend, sondern Studien belegen ein anhaltend gestiegenes Interesse – aufgrund gesundheitlicher Aspekte, aber auch mit Blick auf Umwelt und Nachhaltigkeit. Ob Sie weniger Fleisch essen, den Gemüseanteil in Ihrer Ernährung erhöhen oder sich vegetarisch oder vegan ernähren möchten: Thermomix® liefert Ihnen vielfältige Inspirationen, sodass ab jetzt öfter eine vegetarische Mahlzeit bei Ihnen auf dem Tisch stehen könnte. Unsere Kochschule stellt Ihnen ausgewogene und leckere Mahlzeiten vor, bei denen Sie das Fleisch gar nicht vermissen werden. Versprochen!

AUSGEWOGENHEIT IST DER TRICK

Bei einer vegetarischen Ernährung ist es wichtig, auf Ausgewogenheit zu achten. Alle Zutaten sollten gut durchdacht zusammengestellt werden, um einen Mangel zu vermeiden, lecker zu essen und satt zu werden. Proteine aus einer Vielzahl von Quellen sorgen dafür, dass alle notwendigen Aminosäuren zur Verfügung stehen. Optimal ist es, wenn Sie zwei oder mehr Pflanzeneiweißquellen (z. B. Erbsen, Bohnen, Hülsenfrüchte, Sojabohnen, Sojabohnenprodukte, Nüsse und Samen) in einer Mahlzeit verwenden. Servieren Sie dazu verschiedene Sorten Blatt- und Wurzelgemüse zusammen mit Kohlenhydraten wie Vollkorn- oder Haferprodukten (z B. Vollkornpasta), die eine reiche Quelle an Nähr- und Ballaststoffen darstellt. Zusammen ergibt dies eine ausgewogene Mahlzeit, die Vegetarier und Fleischesser gleichermaßen glücklich macht.

TIPP | Sie möchten sich vegan ernähren? Dann sollten Sie ganz besonders darauf achten, Ihre Ernährung ausgewogen zu gestalten und sich gegebenenfalls Rat von Experten zur richtigen Umsetzung der Ernährungsweise einholen.

Ovo-Lakto-Vegetarier

… essen kein Fleisch oder Fisch, keine Meeresfrüchte und keine gelatinehaltigen Produkte.

Lakto-Vegetarier

… verzichten auf das Gleiche wie Ovo-Lakto-Vegetarier, essen zusätzlich aber auch keine Eier.

Ovo-Vegetarier

… verzichten auf das Gleiche wie Ovo-Lakto-Vegetarier, essen zusätzlich aber auch keine Milch bzw. Milchprodukte.

Pescetarier

… ernähren sich überwiegend vegetarisch, integrieren aber hin und wieder Fisch oder Meeresfrüchte in ihre Speisepläne.

Veganer

… essen weder Fisch noch Fleisch und verzichten ganz auf tierische Produkte beim Essen. Das heißt: keine Milch oder Milchprodukte, keine Eier und keinen Honig.

SOJABOHNEN UND SOJAPRODUKTE

Soja ist als vielseitige Zutat und Proteinquelle in Form von Sojabohnen, Edamame-Bohnen und verarbeitet als Tofu erhältlich. Ganze gedämpfte Edamame-Bohnen sind – in Sojasauce eingetunkt oder mit grobem Salz bestreut – eine schnelle und einfache Vorspeise. Achtung: Die Hülse wird nicht mitgegessen!

Tofu ist bei einer fleischlosen Ernährung sehr beliebt. Er wird durch Trennen und Abpressen von Sojamilch hergestellt und ist eine gute Eisen- und Calcium-Quelle. Zudem lässt er sich vielseitig zubereiten: mariniert, gegrillt, gebacken oder in der Pfanne angebraten.

Leckere Rezept-Ideen haben wir natürlich auch dazu, z. B. Sojadrink, Soja-Gulasch mit Serviettenknödel, Edamame als Vorspeise, Tofu-Burger und Espresso-Mandel-Veganisu.

NÜSSE

Nüsse als Fleischalternative? Auf jeden Fall, denn sie schmecken, machen satt, liefern Protein und Nussöl, haben wenig gesättigte Fette – und sie sind eine gute Quelle für Omega-3-Fettsäuren, die das Herz schützen sollen. Nüsse können z. B. in Currys oder Salate gegeben, zerkleinert, geröstet oder eingeweicht und als Käseersatz verwendet werden. Leicht angeröstet, mit Paprika und etwas Salz bestreut, sind sie ein leckerer Snack. Und probieren Sie doch mal unseren Paranussbraten mit Preiselbeer-Sauce und Rosenkohl oder Tomaten mit Pilz-Nuss-Füllung aus!

SAATEN

Leinsamen, Kürbiskerne, Chiasamen und Sesam sind alle gute Proteinquellen und einfach zu verwenden. So werden Chiasamen einfach über Nacht eingeweicht und mit frischen Früchten zum Frühstück gegessen oder mit Milch zu einem leckeren Porridge gekocht. Wer mehr Saaten verwenden möchte, kann das Porridge mit Mandelmilch und Chiasamen, die Brokkoli-Käse-Suppe mit Kürbiskernen oder das Leinsamenbrot ausprobieren.

HÜLSENFRÜCHTE

Hier können Sie wirklich aus dem Vollen schöpfen: Es gibt viele Varianten. Hülsenfrüchte wie Bohnen oder Kichererbsen sind perfekt für einen Auflauf. Sie stellen eine starke Proteinquelle dar und sorgen für kräftigen Geschmack. Auf Cookidoo® finden Sie viele tolle Rezepte mit den vielseitigen Hülsenfrüchten, z. B. Linsenbraten, Rote-Linsen-Möhren-Sauce, Kartoffelsalat mit Kichererbsen und Spinat oder Kidneybohnen-Curry.

VEGETARISCHE GERICHTE

BLATT- UND ANDERES GEMÜSE

Blatt- und anderes Gemüse ist wesentlicher Bestandteil vegetarischer Mahlzeiten. Es liefert nicht nur viele Nährstoffe, sondern auch echten Geschmack, Konsistenz und bringt Farbe auf den Teller. Gemüse lässt sich im Varoma® schonend dampfgaren – oder zaubern Sie einen schnellen Rohkostsalat mit passendem Dip dazu im Thermomix®.

TIPPS | GEMÜSE VERWERTEN

- Ist beim Kochen Gemüse übrig geblieben? Heben Sie es im Kühlschrank auf, um es am nächsten Tag zu verwerten – z. B. für eine Cremesuppe, ein vegetarisches Risotto, eine Pizza, eine Quiche oder ein Gemüsepüree.
- Gemüseabfall vermeiden Sie, wenn Sie nach Möglichkeit das komplette Gemüse verwenden. Gemüse wie Zucchini, Süßkartoffeln und Rote Bete brauchen Sie nicht schälen. Einfach waschen und direkt garen!
- Gemüseabschnitte wie Schalen, Enden, Kopf und Strunk (z. B. Blumenkohl und Brokkoli) können Sie zu Brühe oder Suppe verarbeiten. Sie finden auf Cookidoo® viele Rezepte zur kompletten Verwendung von Gemüse. Schauen Sie doch mal nach Radieschen-Dip, Kohlrabi-Hähnchen-Auflauf oder Asiatischem Möhrensalat.

REISSCHALEN

Reisschalen – auch Buddha Bowls genannt – sind herzhafte, farbenfrohe und sättigende Mahlzeiten von großer Vielfalt. Geben Sie zunächst Vollkornreis in eine Schüssel, danach rohes oder gekochtes Gemüse – und zwar so, dass es schön appetitlich aussieht. Sie können Avocados, Gemüse (z. B. Möhren oder Kohl) oder Hülsenfrüchte darauf arrangieren und das Ganze noch mit Nüssen, Samen oder Sprossen toppen. Probieren Sie es aus und experimentieren Sie mit Zutaten, die Ihnen am besten schmecken.

BURGER

Kommen immer gut an und gehen auch vegetarisch – oder sogar vegan: getoastetes Burgerbrötchen, Salatdressing, Krautsalat, Mayonnaise, Tomatenketchup und ein Burger-Patty. Der Thermomix® ist der perfekte Helfer für das Schneiden und Mischen von Hülsenfrüchten oder Sojabohnen und anderen Zutaten, die Sie für die Herstellung eines schmackhaften Pattys benötigen. Und der ist mindestens genauso lecker wie sein großer Bruder aus Fleisch – vor allem mit Ihrer Lieblingssauce aus frischen Zutaten und dem richtigen Belag: Wie wäre es z. B. mit einem Bohnen-Feta-Burger mit frischem Krautsalat? Oder mit einem Brokkoli-Bratling?

TAPAS ODER MEZZE

Was in Spanien die Tapas sind, sind in der Türkei die Mezze. Ihnen ist gemeinsam, dass die verschiedenen Leckereien auf vielen kleinen Platten angerichtet und dann am Tisch zusammen serviert werden. Auch für die Zubereitung von Tapas ist der Thermomix® natürlich an Ihrer Seite: Wie wäre es mit einem Bohnen-Tomaten-Salat oder Hefeschnecken mit Schafskäsefüllung aus der Türkei? Oder doch lieber eine Gazpacho und eine Tortilla mit Oliven-Tapenade aus Spanien?

KÄSE

Für viele Vegetarier ist Käse ein beliebter Fleischersatz. Er liefert Eiweiß und Calcium, bringt gleichzeitig auch Geschmack und manchmal sogar die gewünschte Bindung in Gerichte wie Terrinen, Gratins und Tartes. Doch lassen sich eigentlich alle Käsesorten mit den vegetarischen Ernährungsrichtlinien vereinbaren?

TIERISCHES LAB

Bei der Käseherstellung wird je nach Käsesorte Lab als Zusatzstoff eingesetzt. Lab ist erforderlich, damit das Milcheiweiß Kasein gerinnt. Dadurch erhält der Käse seine feste Beschaffenheit. Natürliches Lab wird aus Kälbermägen gewonnen und stammt damit von einem geschlachteten Tier. Im Endprodukt Käse sind zwar nur noch Spuren vom Lab nachweisbar, trotz-

dem haben strenge Lakto-Vegetarier hier manchmal Bedenken.

SYNTHETISCHES LAB

Es gibt aber Käse, bei dem synthetisches Lab – also nicht vom Kalb – zum Ausfällen des Kaseins verwendet wird. Informieren Sie sich im Zweifel

bei Ihrem Käsehändler oder beim Hersteller, denn obwohl einige Käsehersteller auf der Verpackung die Quelle des verwendeten Labs kennzeichnen, gibt die Zutatenliste darüber nicht immer Auskunft.

Käse bietet unglaublich viele leckere Möglichkeiten! Kein Wunder, dass Cookidoo® eine wahre Fundgrube für Rezepte mit Käse ist. Vorspeisen, Suppen und Hauptgerichte – traditionelle Gerichte ebenso wie spannende neue Kreationen.

Gehen Sie auf Entdeckungsreise!

CHILI CON GRÜNKERN

Aus vollem Schrot und Kern und Korn: Unser vegetarisches Chili hat einen kräftig-nussigen Geschmack und je nach Schärfe der Chilischote auch ordentlich Feuer. Im Thermomix® können Sie die gerösteten Dinkelkörner (Grünkern) selbst schroten. Frischer und vollwertiger geht's nicht!

15 Min. 50 Min.

4 Portionen

Einfach

Pro Portion: 353 kcal

Grünkern, passierte Tomaten, Mais, Bohnen, Chilischote

AUSTERNPILZ-BOLOGNESE MIT ZUCCHINI-NUDELN

Ultimative Bolognese für Low Carb-Fans – wenn Sie Pilze mögen! Es müssen nicht unbedingt Austernpilze sein, Shiitake-Pilze, Kräuterseitlinge oder Champignons eignen sich auch gut. Und wenn es mal etwas mehr „Carb" sein darf, nehmen Sie einfach normale Spaghetti oder Bandnudeln!

30 Min. 50 Min.

4 Portionen

Mittel

Pro Portion: 412 kcal

Austernpilze, Zucchini, stückige Tomaten

LINSEN-MOUSSAKA

25 Min. 2 Std. 30 Min.

6 Portionen

Mittel

Pro Portion: 477 kcal

rote Linsen, Auberginen, Parmesan, Tomaten

Hier laufen rote Linsen stark auf: Moussaka kennen Sie bestimmt als deftigen Kartoffel-Hack-Auflauf. Unsere fleischfreie Variante kann da geschmacklich absolut mithalten. Außerdem enthalten Linsen viele Proteine und sind daher eine wertvolle Bereicherung für den vegetarischen Speiseplan.

BOHNEN-BURGER

Nicht die Bohne? Doch! Burger mit Bohnen, dafür ohne Fleisch! Die Zutatenliste ist tatsächlich komplett vegan, was der deftige Geschmack und die feste Konsistenz des Burgers nicht erahnen lassen. Und so sind Kidneybohnen als Bulette, Bratling oder Burger für manche Überraschung gut!

20 Min. 1 Std. 20 Min.

4 Portionen

Einfach

Pro Portion: 180 kcal

Kidneybohnen, Haferflocken, Petersilie, Sambal Oelek

GRAUPENRISOTTO MEDITERRAN

Perlgraupen müssen nicht langweilig in der Suppe liegen! Die sättigende Einlage mausert sich hier zur Basis einer mediterran anmutenden Risotto-Alternative mit Zucchini, getrockneten Tomatenstücken und sanft gerösteten Pinienkernen. Und das alles rein pflanzlich.

15 Min. 50 Min.

4 Portionen

Mittel

Pro Portion: 517 kcal

Perlgraupen, Zucchini, getrocknete Tomaten, Mandelmus

PROBIEREN SIE AUCH ...

BOHNEN-KARTOFFEL-CURRY

10 Min. 40 Min. 4 Portionen

India-Express: Schnelles Curry mit Kartoffeln und zweierlei Bohnen – schön cremig dank Kokosmilch.

GEDÜNSTETES GEMÜSE

10 Min. 20 Min. 4 Portionen

Knackiger Vitamin-Mix: Dünsten Sie Ihre Gemüselieblinge im Mixtopf weich oder mit etwas Biss!

VIER-KÄSE-PIZZA

20 Min. 1 Std. 40 Min. 4 Portionen

Aller guten Dinge sind vier: Pizzaboden aus Hefe-Buttermilch-Teig mit üppigem Käse-Belag.

SPINATKNÖDEL AUF TOMATENRAGOUT

40 Min. 1 Std. 4 Portionen

Spinatgrün, mozzarellaweiß und tomatenrot – hier kommen die Farben Italiens auf den Teller!

BROKKOLIBRATLINGE MIT RADIESCHENSALSA

35 Min. 1 Std. 10 Min. 4 Portionen

Da brat' mir einer einen Brokkoli! Goldbraun gebratene Gemüsepflanzerl mit pikanter Salsa.

Fisch auf den Tisch

Wie häufig gibt's bei Ihnen Fisch und Meeresfrüchte? Fisch punktet mit so vielen guten Eigenschaften, ist schnell gar, vielseitig einsetzbar und steckt voller wertvoller Nährstoffe. Leicht verdauliche Proteine, Omega-3-Fettsäuren, Selen, Kalium, Jod und die Vitamine A, D und B – klingt gut, oder? Unabhängig davon schmeckt er aber auch einfach super und mit Thermomix® ist die Zubereitung von Fisch ein Klacks. Wir zeigen Ihnen hier, wie Sie Fisch und Meeresfrüchte sicher einkaufen und verraten Ihnen köstliche Rezeptinspirationen.

FISCH

Fisch wird in der Regel wie folgt angeboten:

- **Ganze Fische** sind einfach zuzubereiten und erschwinglich. Sie können mit verschiedenen Füllungen aromatisiert und gedünstet, gebacken oder gegrillt werden. Meist werden sie dann auch im Ganzen serviert.
- **Fischfilets** sind entgrätete Fischstücke, die üblicherweise portionsweise geschnitten sind. Die Stücke zum Schwanz hin sind flacher und die in der Mitte dicker.
- **Fischsteaks** sind Stücke mitsamt Wirbelsäule. Die großen Gräten halten den Fisch zusammen und er bleibt saftiger. Steaks von großen Fischen wie Thunfisch oder Schwertfisch sind ansonsten grätenlos.

FISCH ENTHÄUTEN

Für einige Rezepte wird enthäuteter Fisch benötigt. Dies ist die Standardmethode zum Häuten:

- Verwenden Sie ein scharfes Messer! Fischmesser haben besonders dünne Klingen und sind sehr flexibel, um den Fisch sauber zu schneiden. Wenn Sie aber ein anderes geeignetes scharfes Messer im Haus haben, brauchen Sie nicht unbedingt ein spezielles Fischmesser. Stellen Sie sicher, dass der Fisch gekühlt ist. Das macht das Schneiden sehr viel leichter.

- Legen Sie den Fisch mit der Haut nach unten auf ein Schneidebrett und halten Sie das Schwanzende fest oder alternativ die Haut an einer Ecke. Wenn der Fisch glitschig ist, können Sie ein sauberes Geschirrtuch zum Festhalten zu Hilfe nehmen.

- Halten Sie das Messer fest in der anderen Hand und schneiden am Filet entlang. Achten Sie darauf, dass Sie das Messer in einem Winkel von 45° zur Fischhaut halten, um das Filet sauber von der Haut zu trennen. Während Sie schneiden, rollen Sie das Filet von der Haut weg.

- Schieben Sie die Klinge des Messers zwischen Haut und Fleisch entlang und trennen Sie so viel Fleisch von der Haut wie möglich.

FISCHSORTEN UND ZUBEREITUNGS-ARTEN

FETTFISCHE

Lachs, Makrele, Forelle, Thunfisch und Schwertfisch gehören zu den Fettfischen. Sie alle sind reich an Geschmack und enthalten gesunde Omega-3-Fettsäuren. Was die Zubereitung anbelangt, sind sie vielseitig und können gedünstet, gebacken oder auch roh serviert werden, zum Beispiel mit Zitronensaft und schwarzem Pfeffer, Kapern, Estragon oder schwarzen Oliven. Fettfische eignen sich auch hervorragend für Fischfrikadellen, Bratlinge und Terrinen.

TIPP | Wenig Aufwand für ganz viel Geschmack: Lachspäckchen im Backpapier ist eines der einfachsten Rezepte. Legen Sie das Lachsfilet auf ein Backpapier, geben Sie die gewünschten Zutaten dazu, z. B. Kirschtomaten, rote Zwiebeln, Dill usw. und verschließen Sie die Päckchen. Während der Lachs im Varoma® dünstet, aromatisieren diese Zutaten den Fisch. Auf Cookidoo® finden Sie viele Rezepte für Fisch im Päckchen, stöbern Sie mal rein!

WEISSER FISCH

Kabeljau, Schellfisch, Seelachs, Köhler, Scholle und Seezunge sind Beispiele für weißen Fisch – fein im Aroma und leicht zu kochen. Weißer Fisch wird am besten schnell zubereitet, z. B. als Filet, Steak oder in Stücken. Er eignet sich ideal als Füllung für Pasteten und fürs Dünsten, Schmoren oder als Zugabe zu einem Auflauf mit Béchamelsauce.

TIPP | Weiße Fischfilets vor dem Dampfgaren im Varoma® mit Salz bestreuen; wenn Sie Zitronenaroma mögen, legen Sie die Fischfilets im Varoma®-Einlegeboden auf Zitronenscheiben.

Warenkunde

Frischer Fisch riecht nicht unangenehm, sieht prall und ansprechend aus und hat festes Fleisch. Tiefgefrorener Fisch ist eine gute Alternative, da dieser fangfrisch eingefroren wird und damit die Nährstoffe gut erhalten bleiben. Natürlich ist er auch praktisch, weil er bis zum Zubereiten im Gefrierschrank gelagert werden kann. Manche Fischsorten sind stark überfischt. Wenn Sie unsicher sind, welche Fischsorten aus welchen Herkunftsgewässern Sie ohne Bedenken kaufen können, ziehen Sie die Hinweise des WWF Fischratgebers zurate (online verfügbar).

SÜSSWASSERFISCH

Barsch, Forelle und **Zander** sind Beispiele für diesen mageren, weißen Fisch mit festem Fleisch. Sie haben einen feinen Geschmack und werden in der Regel zu Filets, Fischfrikadellen oder Bratlingen verarbeitet.

TIPP | Gegarter Fisch kann gekühlt bis zu 2 Tage aufbewahrt werden. Bei Schalentieren empfiehlt es sich, diese vor dem Aufbewahren zu schälen. Reste übrig? Fisch-Tacos sind großartig zur Resteverwertung von weißem Fisch, Schalentieren oder Fettfischen geeignet. Geben Sie einfach etwas Fajita-Gewürz dazu und richten Sie es zusammen mit Salat und Guacamole in Tacos an. Eine andere Idee: Fischburger aus gekochtem Fisch oder Meeresfrüchten, mit Kartoffelpüree und Remouladensauce serviert. Sie können Fischreste auch zu einer Mousse aufschlagen oder zu einer Fischsuppe weiterverarbeiten.

MEERESFRÜCHTE

Miesmuscheln, Venusmuscheln und **Jakobsmuscheln** sollten nach dem Kauf in kaltem Wasser aufbewahrt werden. Sortieren Sie zunächst alle offenen Muscheln aus und werfen sie weg. Die guten Muscheln säubern Sie danach mit einer Wurzelbürste. Muscheln sind oft mit ein paar haarähnlichen Fäden überzogen, die Sie abreißen und entsorgen können. Nach dem Kochen werfen Sie alle Muscheln weg, die sich immer noch nicht geöffnet haben. Wenn Sie Schalentiere im Varoma® dünsten, tropft ihr Saft in die Garflüssigkeit. Garen Sie die Muscheln z. B. direkt über einem Weißweinsud, dann können Sie diesen anschließend als Sauce reichen. Setzen Sie den Varoma® mit den Schalentieren erst dann auf den Mixtopf, wenn Dampf aufsteigt und das Wasser kocht. Falls Sie gekochte Schalentiere und Muscheln für eine spätere Verwendung einfrieren möchten, sollten Sie diese vorher von der Schale befreien.

TIPP | Probieren Sie Meeresfrüchte auch in einer Pastasauce! Penne mit Muscheln zum Beispiel – oder Zitronenlinguine mit Scampi.

Garnelen gibt es gefroren oder frisch zu kaufen, roh oder gekocht und in vielen verschiedenen Größen. Shrimps, Krabben, Crevetten, Gambas … die verschiedenen Handelsnamen der Krebstiere sorgen oft für Verwirrung. Sie alle sind Garnelen (engl. „prawns"), unterscheiden sich in Größe, Geschmack, Herkunft und auch im Preis allerdings erheblich. Der als Scampi bekannte Kaisergranat gehört hingegen nicht zu den Garnelen, sondern zur Familie der Hummer.

GARMETHODEN

Garnelen oder Shrimps schälen und Darmfäden entfernen

Entfernen Sie zuerst den Kopf und Schwanz und beginnen Sie dann, am dickeren Ende, die Schale anzuheben, indem Sie mit dem Daumen darunterfahren. Nach der Hälfte werden Sie feststellen, dass sich die Schale ganz leicht abziehen lässt.

Nehmen Sie ein kleines Messer und schneiden Sie den Darmfaden auf der Rückenseite der Garnele heraus – er sollte nicht mitgegessen werden.

Wussten Sie schon, ...

dass dieses elegante Lachs-Tatar superschnell zubereitet ist? Mit Thermomix® ist es in gerade mal 5 Minuten fertig!

Marinieren: Fettfische und Meeresfrüchte eignen sich am besten zum Marinieren. Verwenden Sie Öl und Zitronensaft als Basis und würzen Sie mit Knoblauch, Kräutern oder anderen Gewürzen nach Geschmack. Marinieren Sie ca. 1 Stunde vor dem Backen oder Dünsten.

Dünsten: Jeder Fisch kann im Varoma® gedünstet werden. Legen Sie den Varoma®-Einlegeboden so mit Backpapier aus, dass noch einige Dampfschlitze frei bleiben, wenn Sie den Fischsaft auffangen möchten. Fisch und Gewürze legen Sie dann so auf das Backpapier. Der Fisch gart auf diese Weise schonend und bleibt sehr saftig.

Auflauf: Fischauflauf ist schnell gemacht und schmeckt köstlich! Bereiten Sie zunächst eine Sauce vor, z. B. eine Currysauce oder eine Tomaten-Knoblauch-Sauce. Während sie kocht, dünsten Sie zugleich Ihren Fisch im Varoma® **10–15 Minuten/Varoma®/ Stufe 1** und geben dann die Sauce für einen köstlichen Auflauf hinzu. Dieser wird im Ofen fertig gebacken.

Roh: Viele Fischarten sind auch roh eine Delikatesse. Dazu kaufen Sie bei Ihrem Fischhändler Fisch in Sashimi-Qualität – so nennt der Japaner Fisch, der für den rohen Verzehr geeignet ist. Für Ceviche (das ist das südamerikanische Pendant zu Sashimi) wird weißer Fisch in dünne Scheiben geschnitten und in einer Zitronenmarinade mariniert. Roher Fettfisch eignet sich wunderbar für Sushi und Sashimi oder auch Lachs-Tatar.

Testen, ob der Fisch gar ist: Fisch gart sehr schnell. Um zu probieren, ob der Fisch gar ist, prüft man die dickste Stelle: Wenn das Fleisch nicht mehr glasig aussieht und sich leicht mit einer Gabel in Rippen abtrennen lässt, ist er gar.

SHRIMPS-LACHS-SPIESSE MIT SPINAT-KARTOFFELN

Ein Wow-Rezept, das richtig was hermacht und mit dem Sie alles aus Ihrem Multitalent herauskitzeln! Spinat, Kartoffeln und köstlich marinierte Spieße garen gleichzeitig und nebenbei entsteht noch eine feine Sauce! Um das alles hinzubekommen, müssten Sie sonst mit mehreren Herdplatten hantieren.

30 Min. 1 Std. 15 Min.

4 Portionen

Mittel

Pro Portion: 666 kcal

Lachsfilet, Shrimps, Blattspinat, Kartoffeln

HERINGSSTIPP MIT DRILLINGEN

20 Min. 1 Std.

4 Portionen

Einfach

Pro Portion: 426 kcal

Matjesfilets, Kartoffeln, Äpfel, Joghurt

Unser Herings-Tipp: Heringsstipp selbst machen! Kennen Sie diesen Klassiker nur aus dem Kühlregal? Dabei ist er so fix frisch zubereitet – probieren Sie es aus! Und es ist viel mehr Matjes drin als in den fertigen Mischungen. In unserem Rezept gibt's dazu Drillinge, die nicht gepellt werden müssen!

FISCHFILET MIT BROKKOLI, REIS UND DILLSAUCE

All-in-one im Thermomix®: Reis, Gemüse und Fisch garen lässig auf mehreren Ebenen gleichzeitig. Nehmen Sie einfach Ihren Lieblingsfisch, sei es Kabeljau, Rotbarsch, Pangasius oder auch Lachs. Aus der Garflüssigkeit entsteht zum Schluss eine feine Sauce, die Sie mit Weißwein veredeln können.

20 Min. 45 Min.

4 Portionen

Einfach

Pro Portion: 588 kcal

Fischfilet, Brokkoli, Reis

GARNELENCURRY

Tiefseegarnelen nehmen ein heißes Bad in milder Kokosmilch, scharfem Ingwer und exotischen Gewürzen – klingt asiatisch? Schmeckt auch so! Ein einfaches, extrem köstliches Gericht, das mit Buchweizennudeln, chinesischen Nudeln oder Basmatireis und frischem Koriander komplettiert wird.

15 Min. 35 Min.

4 Portionen

Einfach

Pro Portion: 325 kcal

Garnelen, Ingwer, Kokosmilch, Gewürze

ZITRONEN-KNOBLAUCH-FISCH

Ein (Grill-)Fest für den Lachs – er gelingt aber auch im Backofen! Lassen Sie den Fisch zuvor aber mindestens 2 Stunden in der Zitronen-Knoblauch-Marinade mit frischem Ingwer schwimmen. Im Mixtopf werden alle Zutaten für die Marinade in wenigen Sekunden zerkleinert und vermischt.

- 10 Min. 2 Std. 20 Min.
- 4 Portionen
- Einfach
- Pro Portion: 290 kcal
- Lachsfilet, Zitronensaft, Knoblauch, Olivenöl

PROBIEREN SIE AUCH ...

FISCHSUPPE MIT GEMÜSE

15 Min. 35 Min. 4 Portionen

Volle Kontrolle im Mixtopf: Der Fisch wird bei 90 °C sanft pochiert, so zerfällt er in der Suppe nicht.

PASTA MIT GERÄUCHERTEM LACHS UND ZUCCHINI

10 Min. 35 Min. 4 Portionen

Ein schnelles Trio: Penne, Räucherlachs und Zucchini in Zitronensahne – total simpel und lecker.

FISCHFRIKADELLEN MIT KARTOFFELN, KOHLRABI UND DILL-SAUCE

30 Min. 1 Std. 4 Portionen

Da staunt Fischers Fritz: Seelachs-Frikadellen garen mit Kartoffeln und Kohlrabi auf drei Ebenen.

MUSCHELN IN WEISSWEINSUD

15 Min. 35 Min. 2 Portionen

Miesmuscheln mit Schwips: Im würzigen Sud aus Weißwein und Suppengemüse ziehen lassen!

KABELJAU MIT SAHNEKARTOFFELN UND BLATTSPINAT

20 Min. 45 Min. 4 Portionen

Beute(l)schema: Blattspinat kommt mit Gewürzen in einen Beutel und gart mit dem Fisch im Varoma®.

THERMOMIX® KOCHSCHULE ★ THERMOMIX® KOCHSCHULE ★

Lust auf Fleisch

Fleisch und Geflügel können ein köstliches Highlight auf dem Teller sein! Wie Sie frisches Fleisch kaufen, aufbewahren und welche Stücke Sie für welche Rezepte verwenden sollten, zeigen wir Ihnen und geben Ihnen Tipps und Techniken zur Zubereitung an die Hand. Denn auch Fleisch lässt sich mit Thermomix® auf unterschiedlichste Art zubereiten. Stöbern Sie für noch mehr Rezept-Inspirationen einfach mal auf Cookidoo®, in unseren Kochbüchern und im THERMOMIX® Magazin!

FLEISCHSORTEN

ROTES FLEISCH

Rotes Fleisch wie Rind, Schwein oder Lamm gibt es in vielen Varianten. Der Rücken des Tiers (z. B. Lende = Filet, Rippe oder Hüfte) ist in der Regel zarter als die vorderen Stücke (z. B. Haxen, Flanke oder Schulter). Diese Fleischstücke werden unterschiedlich zubereitet: Zartere Stücke, die stärker marmoriert sind, eignen sich eher zum Kurzbraten oder Grillen als zum Schmoren. Weniger zarte Stücke mit mehr Muskelfleisch und geringerem Fettanteil sollten länger garen und eignen sich für Gerichte wie Braten, Gulasch oder Rouladen. Sie können vor dem Garen eingelegt werden, z. B. ein Sauerbraten in einem Essigsud. Für Wild eignet sich auch Buttermilch, die das kräftige Wildaroma etwas mildert. So werden die Fleischstücke zarter und erhalten eine individuelle geschmackliche Note.

TIPP | Mit hohen Temperaturen lässt sich Fleisch im Thermomix® braten – zum Beispiel zartes, in Streifen geschnittenes Fleisch für ein Bœuf Stroganoff. Auch weniger zartes Fleisch kann gewürfelt und gebraten werden, um Eintöpfen mehr Farbe und einen kräftigeren Geschmack zu verleihen. Beim Braten wird der Zucker im Fleisch karamellisiert. Davon profitieren viele Fleischgerichte nicht nur optisch, sondern auch, weil die Bräunung zur geschmacklichen Aufwertung beiträgt.

Wussten Sie schon, ...
dass Hackfleisch frisch zubereitet werden kann, indem zunächst sehnenfreie Fleischstücke (ca. 3 cm) von beliebiger Sorte (z. B. Rind, Schwein, Lamm, Pute, Hähnchen) auf einer Lage ausgebreitet 30–40 Minuten angefroren werden? Dann zerkleinern Sie die angefrorenen Fleischstücke **10–15 Sek./Stufe 6**. Sie können dieses hausgemachte Hackfleisch für Burger, Frikadellen, Hackfleischbällchen, Hackbraten, Sauce Bolognese usw. verwenden.

GEFLÜGEL

Geflügel, z. B. Hähnchen oder Pute, ist auch als „weißes Fleisch" bekannt und wird wegen seines im Vergleich mit rotem Fleisch niedrigen Fettgehalts geschätzt. Der Fettgehalt des fertigen Gerichts hängt jedoch immer von der jeweiligen Zubereitungsmethode ab. Der Thermomix® ermöglicht Ihnen viele Zubereitungsmethoden, je nach Art des Fleischstücks und des Gerichts. Es kann im Varoma® gegart oder im Mixtopf gebraten oder geschmort werden.
Achtung: Wildgeflügel wie Ente und Gans gehört jedoch zum „roten Fleisch"! Auch sie können hervorragend im Varoma® gegart werden. Rezepte dazu finden Sie natürlich auf Cookidoo®.

Wussten Sie schon, ...
dass eine Putenkeule mit 800 g im Varoma® 80 Minuten gegart werden kann? Nehmen Sie dazu 1300 g Wasser zum Dampfgaren. Durch dieses langsame Garen wird das Fleisch besonders zart und saftig.

TIPP | Versuchen Sie verschiedene Fleischsorten in Ihren Speiseplan zu integrieren. Nehmen Sie auch Fischgerichte in Ihren Speiseplan auf und probieren Sie aus, welche fleischlosen Gerichte Ihnen am besten schmecken. Unsere Anregungen zu Fisch und vegetarischen Mahlzeiten finden Sie auf den Seiten 106 und 96.

TIPP | FLEISCH ZERKLEINERN
Nicht nur eine gute Resteverwertung: Geben Sie gegartes Fleisch ohne Knochen und Sauce in den Mixtopf und zerkleinern Sie es **4–5 Sek./↺/Stufe 4.** Dann eignet es sich perfekt für Tacos, Quiches oder Tartes.

Warenkunde

Rotes Fleisch sollte leuchtend rot aussehen, Geflügel rosa oder hellrot und nicht zu blass. Das Fett sollte sich fest anfühlen und eine cremeweiße Farbe haben. Bewahren Sie Fleisch und Geflügel am kältesten Ort im Kühlschrank auf, d. h. im untersten Fach, und nicht länger als 2 Tage. Wenn Sie es einfrieren, portionieren Sie es zuerst oder schneiden es in Stücke, bevor Sie es in Gefrierbeuteln verpacken. Sorgen Sie dafür, dass so wenig Luft wie möglich im Beutel bleibt und verschließen Sie ihn dicht. Lassen Sie das Fleisch über Nacht im Kühlschrank auftauen.

TIPP | Wenn Sie vorverpacktes Fleisch oder Geflügel kaufen, achten Sie immer auf das Verbrauchsdatum und kaufen Sie es so ein, dass Sie es möglichst zügig verbrauchen.

GESCHMACKSSACHE

Manche Geschmackskombinationen sind bekannter als andere und wir neigen dazu, immer wieder diejenigen zu wählen, die wir schon kennen. Dabei lässt sich mit neuen Gewürzen, Kräutern, Früchten oder Saucen so manches altbekannte Fleischgericht spannend aufpeppen. Ein paar Ideen gefällig? Rinderschmorbraten zum Beispiel kann mit verschiedenen Zutaten zubereitet werden: Pilzen, Bier, Rot- oder Portwein, Thymian, Lorbeer, Möhren und geschmorten Zwiebeln. Oder servieren Sie ein mit Salz und schwarzem und rosa Pfeffer gewürztes Steak mal mit Kräuterbutter, mal mit Sauce Béarnaise. Fleisch harmoniert nicht nur mit aromatischen Kräutern wie Salbei, Rosmarin oder Thymian und Gewürzen wie Koriandersamen, Cumin oder Sternanis, sondern kann auch mit süßen Zutaten kombiniert werden. In Deutschland ist es hauptsächlich Wild mit Preiselbeeren und Birne, aber weltweit gibt es noch viel mehr reizvolle Kombinationen. Probieren Sie doch mal Hirschragout mit Schokolade, Rinderroulade mit Zwiebel-Pflaumen-Füllung oder Hähnchengeschnetzeltes mit Äpfeln. Lamm ist gerade zu Ostern sehr beliebt. Es nimmt Gewürze wie Koriander und Rosmarin sehr gut an. In der Küche des Nahen Ostens wird es gern mit getrockneten Aprikosen und anderen Früchten zubereitet. Erbsen, grüne Bohnen oder Auberginen sind schöne Beilagen dazu. Hähnchen ist ein echter Allrounder. Es harmoniert mit frischen Zutaten wie Zitrone, Basilikum oder Koriander, passt aber ebenso zu einer Kokosnuss-Curry-Soße oder zu Pilzen und Sahnesauce. Pute wiederum lässt sich gut mit Speck, Salbei, Rosmarin, Thymian und Knoblauch kombinieren. Das chinesische Fünf-Gewürze-Pulver, bestehend aus Nelke, Szechuanpfeffer, Anis, Fenchel und Zimt eignet sich gut zum Würzen von Putenkeulen oder einer ganzen Pute. Und für besondere Anlässe: Entenbrust mit einer Orangen- oder Rote-Beeren-Sauce ist ein tolles Gericht, wenn sich Gäste angekündigt haben.

HÄHNCHEN VORBEREITEN

Hähnchen ist weltweit beliebt, bei Kindern wie auch bei Erwachsenen. Dieses vielseitige Fleisch ist schnell zuzubereiten, nimmt unterschiedlichste Aromen dankbar an und sein mageres Fleisch lässt sich gut dünsten, schmoren, backen, grillen oder braten.

GEFÜLLTE HÄHNCHENBRUST

Hähnchenbrust ist einfach zuzubereiten und wird daher häufig in der täglichen Küche verwendet. Sie können das Fleisch mit einer Mischung aus Butter, aromatischen Kräutern, Zitronenschale und Knoblauch würzen, aber auch mit verschiedenen Zutaten füllen. Wie wäre es mit Mozzarella, Spinat und getrockneten Tomaten?

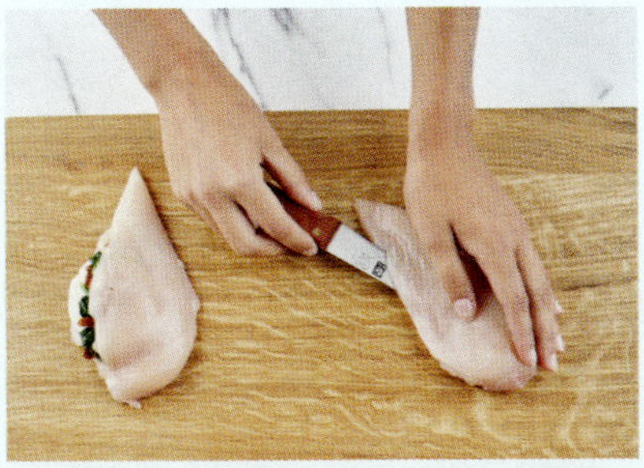

Schneiden Sie die Hähnchenbrust mit einem scharfen Messer horizontal 4 cm tief ein, damit eine Tasche entsteht.

Füllen Sie die Hähnchenbrust mit der Füllung Ihrer Wahl und verschließen Sie die Öffnung mit einem Zahnstocher oder Küchengarn. Im Varoma® oder im Ofen wird die Hähnchenbrust dann fertig gegart. Rezeptbeispiele: Gefüllte Hähnchenbrust mit Avocado und Duftreis oder Gefüllte Ricotta-Hähnchenbrust mit Tomatenrisotto.

HÄHNCHENSCHENKEL ENTBEINEN

Hähnchenschenkel enthalten mehr Fett als das Brustfleisch und sind darum geschmacksintensiver und saftiger. Hähnchenschenkel ohne Knochen und Haut können Sie für Eintöpfe oder Schmorgerichte in Würfel schneiden. Sie lassen sich aber auch lecker füllen, z. B. mit einer Mischung aus gehackten Nüssen, gehackter Petersilie und Rosinen oder mit einer mediterranen Tapenade. Legen Sie den Schenkel mit der Hautseite nach unten auf das

Schneidebrett. Verwenden Sie ein kleines, scharfes Messer und führen Sie es neben dem Knochen ein. Schneiden Sie das Fleisch nah am Knochen, gehen Sie auf der anderen Seite genauso vor und schneiden Sie den Knochen ab.

Schließlich ziehen Sie die Haut vom Fleisch. Auch Knochen und Haut können Sie nutzen, um Gewürzpaste für Hühnerbrühe herzustellen – das Rezept dazu finden Sie auf Cookidoo®.

Wichtige Hinweise

- Hygiene ist oberstes Gebot – vor allem, wenn Sie rohes Fleisch, besonders Geflügel, zubereiten oder verarbeiten. Spülen Sie Messer, Schneidebrett und benutztes Küchenwerkzeug mit heißem Wasser und Spülmittel ab. Besonders wichtig ist die gründliche Reinigung, wenn Sie das gleiche Küchenzubehör auch für die Zubereitung von Gemüse und Salat verwenden.
- Einige Fleischsorten wie Schwein, Truthahn oder Huhn sind anfälliger für Verunreinigung durch Bakterien. Das Fleisch sollte stets ausreichend durchgegart sein, bevor Sie es servieren.

FLEISCH GAREN

Fleisch lässt sich im Thermomix® auf verschiedene Weise zubereiten – je nach Rezept. Bei Gulasch, Currys, Eintöpfen und Pastasaucen gart es gewürfelt oder in Streifen geschnitten direkt in der Sauce. Bei gefüllter Hähnchenbrust, Putenrouladen, marinierten oder gewürzten Fleischstücken und Hackbällchen kommt der Varoma® mit oder ohne Einlegeboden zum Einsatz. Darin können Sie auch Haxen, Braten und Spare Ribs vorgaren, die dann nur noch kurz im Ofen oder auf dem Grill zu Ende gegart werden.

KÖNIGSBERGER KLOPSE MIT KARTOFFELN

Da wird man doch beklopst: Früher standen die Mütter stundenlang in der Küche, um diesen Familienklassiker zuzubereiten. Heute schaffen ihn auch die Väter – in nur 45 Minuten und sogar mit einer zusätzlichen Lage Gemüse im Varoma®. Rote Bete aus dem Glas schmeckt aber auch dazu!

- 10 Min. 45 Min.
- 4 Portionen
- Einfach
- Pro Portion: 611 kcal
- Hackfleisch, Kartoffeln, Sahne, Kapern

RINDFLEISCHRAGOUT AUF SELLERIEPÜREE

25 Min. 1 Std.

4 Portionen

Einfach

Pro Portion: 530 kcal

Rindergulasch, Champignons, Knollensellerie, Petersilienwurzel, Saure Sahne

Kein scharfes Anbraten nötig! Einfach nur Zwiebeln und Knoblauch im Mixtopf dünsten und dann das gewürfelte Rindfleisch zusammen mit allen anderen Zutaten direkt als würziges Ragout in der Sauce schmurgeln. Gleichzeitig können Sie Kartoffeln oder Gemüse für ein Püree im Varoma® dampfgaren.

SCHNITZEL MIT GEMÜSEKRUSTE UND KARTOFFELN

Fleisch ist mein Gemüse? Das Knaller-Rezept, um Gemüse ganz nebenbei auf den Teller zu bringen: Die Schnitzel werden hier nämlich mit superleckerem Gemüse-Mix, Schinkenwürfeln und Frischkäse „getoppt" und im Varoma® mit Käse überbacken. Dazu gibt's Kartoffeln, die gleichzeitig im Mixtopf garen.

- 20 Min. · 1 Std. 10 Min.
- 4 Portionen
- Mittel
- Pro Portion: 871 kcal
- Schnitzel, gemischtes Gemüse, Kartoffeln, Frischkäse

HÄHNCHEN MIT ZUCCHINI-MÖHREN-REIS

Der Hit beim Thermomix® Erlebniskochen! Kein Wunder – beweist dieses Rezept doch, wie einfach und schnell sich ein komplettes Familienessen zubereiten lässt: Hähnchenbrustfilets, Gemüse, Reis und Sauce garen gleichzeitig, denn Sie nutzen Mixtopf, Gareinsatz und Varoma® inklusive Einlegeboden.

20 Min. 45 Min.

4 Portionen

Mittel

Pro Portion: 619 kcal

Hähnchenbrustfilet, Zucchini, Möhren, Reis

RINDFLEISCHSUPPE MIT MARKKLÖSSCHEN

Diese Festtagssuppe strotzt nur so vor Kraft! Das Mark wird im Mixtopf geschmolzen, durch ein Sieb abgegossen und mit den anderen Klößchen-Zutaten vermischt. Das Zwiebelschälen können Sie sich übrigens sparen – die Schale bleibt dran. Sie gibt der Brühe Aroma und zusätzlich eine kräftige Farbe.

45 Min. 2 Std.

6 Portionen

Mittel

Pro Portion: 202 kcal

Rindfleisch, gemischtes Gemüse, Suppennudeln

PROBIEREN SIE AUCH …

KASSELER MIT SAUERKRAUT UND KARTOFFELPÜREE

20 Min. 1 Std. 4 Portionen

Dieses Kraut rockt! Statt mit 3 Töpfen am Herd zu tanzen, bedienen Sie nur den Thermomix®.

HACKFLEISCH

5 Min. 35 Min. 300 g

Jetzt hackt's! Und zwar mit Fleisch Ihrer Wahl: Rind, Lamm, Schwein, Geflügel oder gemischt …

GEFÜLLTE PAPRIKASCHOTEN MIT REIS UND TOMATENSAUCE

20 Min. 1 Std. 4 Portionen

Voll lecker: Außen bunte Paprika, innen würzige Hackfleischfüllung, dazu klassisch Reis und Sauce.

CHILI-CHEESE-BULETTEN

20 Min. 50 Min. 8 Stück

Diese Buletten haben es in sich – innen verbirgt sich nämlich eine cremige, chilischarfe Käsefüllung.

PUTENROULADEN MEDITERRAN

15 Min. 45 Min. 4 Portionen

Rouladen auf leichte Art: Mit Reis und Gemüse gegart, dazu eine helle Sauce aus frischen Kräutern.

RINDFLEISCH IN PILZ-SAHNE-SAUCE

25 Min. 1 Std.

4 Portionen

Einfach

Pro Portion: 449 kcal

Rindfleisch, Zwiebeln, Pilze, Gewürzpaste für Fleischbrühe, Sahne

Schlemmen wie bei Stroganoffs … oder so ähnlich. Das sanft angebräunte Rindfleisch in einer cremigen Sahnesauce mit Pilzen steht schnell auf dem Tisch, so zart, dass es auf der Zunge zergeht. Sie können dazu nach Belieben Reis, Kartoffeln oder auch Nudeln servieren.

GLASIERTES SCHWEINEFLEISCH MIT VERMICELLI

Ihr Thermomix® kann auch Wok – mit Pak Choi, Zuckerschoten, Möhren, Paprika, Reisnudeln und Schweinelende. Für die asiatischen Aromen sorgt eine Mischung aus Austernsauce, Sojasauce und 5-Gewürze-Mischung, in der das Fleisch vor dem Garen mit hoher Temperatur kurz mariniert wird.

Exklusiv für **TM6**

45 Min. 1 Std. 20 Min.

6 Portionen

Einfach

Pro Portion: 415 kcal

Schweinefleisch, Vermicelli, gemisches Gemüse, Sojasauce, Austernsauce

THERMOMIX® KOCHSCHULE

Wie für mich gemacht

Nicht nur die Geschmäcker sind verschieden: Viele weitere Faktoren beeinflussen unsere Vorlieben beim Essen, denn Ernährungsformen sind so individuell wie wir selbst. Immer mehr Menschen setzen sich bewusst damit auseinander, wie sie sich ernähren möchten und womit sie sich wohlfühlen. Dabei spielen auch persönliche Überzeugungen, Lebensstil, Umweltbewusstsein, Ethik, Körpertyp oder eventuelle Unverträglichkeiten eine Rolle. Hier zeigt sich der große Vorteil beim Kochen mit Thermomix®: Sie entscheiden selbst, was in Ihren Mahlzeiten steckt und können mit Thermomix® ganz einfach auf industriell verarbeitete Lebensmittel verzichten.

WAS SOLL ICH KOCHEN?

Suchen Sie zunächst ein Rezept auf Cookidoo®, in unseren Kochbüchern oder aus dem THERMOMIX® Magazin, das Sie spontan lecker finden und Ihrem Ernährungsstil entspricht, zum Beispiel:

- Low Carb
- Glutenfrei
- Vegetrisch
- Vegan
- Laktosefrei

JEDER WIE ER MAG

LOW CARB

Bei einer ausgewogenen Ernährung schlemmen wir normalerweise neben einem Anteil von Fett und Eiweiß jeden Tag ca. 250-270 g Kohlenhydrate. Oft versteht man unter „Low Carb" eine Kohlenhydratzufuhr von 90-110 g am Tag. Von diesem Richtwert gehen wir auch bei der Rezeptgestaltung für Low Carb-Rezepte mit dem Thermomix® aus. Selbstverständlich geben wir Ihnen mit der Nährwertangabe zu jedem Rezept auch die enthaltenen Kohlenhydrate an. So können Sie entscheiden, wann und welche Mengen Sie davon essen möchten. Da Getreide, Zucker, Reis oder Kartoffeln einen höheren Blutzuckerspiegel verursachen können und den Insulinbedarf erhöhen, beinhalten unsere Low Carb-Rezepte viele kohlenhydratarme Gemüse (z. B. Brokkoli, Spargel, Pilze, Spinat, Zucchini, Blumenkohl und Paprika). Dazu gibt es Fisch, Fleisch, zuckerfreie Milchprodukte, Eier und ein wenig Obst. Vorsicht ist geboten bei stärkehaltigen Gemüsen wie Hülsenfrüchten, Mais oder Süßkartoffeln, stark gezuckerten Lebensmitteln, Säften, Softdrinks und allgemein Fertigprodukten, denen oft Zucker zugesetzt ist.

GLUTENFREI

Gluten ist das Klebereiweiß von Getreiden und sorgt für deren gute Backeigenschaften, durch die sie für die Herstellung von Brot, Nudeln, Gebäck und Kuchen so wertvoll sind. Manche Menschen reagieren empfindlich auf Gluten oder müssen aufgrund ihrer Zöliakie lebenslang auf Gluten verzichten. Wenn Sie glutenfrei kochen möchten, müssen Sie auf Rezepte verzichten, die Weizen, Weizenprodukte (Grieß, Hartweizen, Dinkel), auf Weizenmehl basierende Zutaten (Paniermehl) oder andere glutenhaltige Getreide wie Roggen oder Gerste enthalten. Auf den meisten Verpackungen ist angegeben, ob das Produkt Weizen enthält.

VEGETARISCH ODER VEGAN

Bei unseren Thermomix® Rezepten wird vegetarisch als ovo-lakto-vegetarisch definiert, was bedeutet, dass in einem vegetarischen Rezept kein Fleisch oder Fisch enthalten ist, aber tierische Erzeugnisse wie Eier und Milchprodukte enthalten sein können. Unsere veganen Rezepte enthalten keine Zutaten tierischen Ursprungs wie Fleisch, Fisch, Milchprodukte, Eier oder Honig. Veganer sollten berücksichtigen, dass viele Getränke oder auch Essig mit tierischen Produkten gefiltert werden.

Zutaten ersetzen. Wenn Sie ein Rezept kochen möchten, das nicht ganz Ihrem Ernährungsstil entspricht, können Sie bestimmt einige der Zutaten austauschen. Wie immer können Änderungen an einem Rezept zu unerwarteten Ergebnissen führen, aber mit etwas Erfahrung werden Sie lernen, was funktioniert und was nicht.

Stellen Sie Ihre eigenen Zutaten her. Thermomix® unterstützt Sie super dabei, Ihre eigenen allergiefreien Zutaten herzustellen, z. B. glutenfreies Mehl, Mayonnaise ohne Ei, Mandelmilch, Mandelmus, veganes Granola, glutenfreie Nudeln oder auch Parmesanersatz.

Es lebe die Vielfalt. Das Kochen für Menschen mit ganz unterschiedlichen Ernährungsvorlieben muss Sie gar nicht stressen. Häppchen im Tapas-Stil, die Sie als Buffet anbieten, lassen sich entspannt vorbereiten – und Ihre Gäste können selbst auswählen, was sie essen möchten.

BUNTE GEMÜSENUDELN MIT PESTO

Einmal Gemüse satt bitte – kunterbunt, vegetarisch, glutenfrei und Low Carb … Kommt sofort! Für alle Gemüse-Nudel-Liebhaber lohnt sich die kleine Investition in einen Spiralschneider. Ein normaler Sparschäler tut's aber auch.

- 25 Min. 45 Min.
- 4 Portionen
- Mittel
- Pro Portion: 351 kcal
- Zucchini, Möhren, Pinienkerne, Parmesan

SCHWEINE-MEDAILLONS MIT KOHLRABI-POMMES UND PAPRIKASAUCE

40 Min. 1 Std. 10 Min.

4 Portionen

Mittel

Pro Portion: 397 kcal

Schweinefilet, Kohlrabi, Paprika, Frischkäse

Kohlrabi sind die neuen Pommes – wenn sie mit Paprika und Curry gewürzt im Ofen backen. Dazu gibt es zarte Schweinemedaillons aus dem Varoma® in milder Paprikasauce mit Frischkäse. Eine schlanke, superleckere Low Carb-Rezeptidee – und auf Cookidoo® gibt's noch viel mehr davon!

BLUMENKOHL-KÄSE-PIZZEN

40 Min. 1 Std.

4 Portionen

Mittel

Pro Portion: 428 kcal

Blumenkohl, Emmentaler, Tomaten, Mozzarella

Low Carb macht erfinderisch, und so tauschen wir hier den Pizzaboden aus Hefeteig gegen Böden aus zerkleinertem Blumenkohl aus, der mit Eiern und Käse gebunden wird. Belegt mit selbst gemachter würziger Tomatensauce und Mozzarella entstehen so im Ofen knusprige vegetarische Minipizzen.

VOLLKORNBROT

Vollkornkraft voraus mit Ihrem Thermomix® als Kornmühle: Für eine glutenfreie, vollwertige Mehlmischung werden Hirse, Amaranth und Reis frisch gemahlen. Das dauert gerade mal 1 Minute! Dieses kernige, in der Kastenform gebackene Brot ist total lecker – und unglaublich einfach.

15 Min. 4 Std.

18 Scheiben

Einfach

Pro Scheibe: 122 kcal

Hirse, Amaranth, Kastanienmehl, Buchweizen

LINSENBRATEN

Falscher Hase? Fast richtig, aber mit einem gewaltigen Unterschied. Dieser saftige Braten auf Basis von roten Linsen ist nämlich rein pflanzlich. Die würzige Linsen-Gemüse-Mischung wird mit gemahlenem Reis und Leinsamen gebunden und dann 1 Stunde im Ofen gebacken. Schmeckt warm und kalt!

25 Min. 1 Std. 50 Min.

15 Scheiben

Mittel

Pro Scheibe: 154 kcal

Vollkornreis, rote Linsen, Möhren, Paprika

PROBIEREN SIE AUCH …

SEITAN-BÄLLCHEN MIT KARTOFFELN UND PAPRIKA-CURRY-SAUCE

30 Min. 1 Std. 15 Min. 4 Portionen

Vegetarische Weizen-Power: Schlemmergericht mit exotischem Touch – nach Wunsch auch vegan!

VEGANAISE – VEGANE MAYONNAISE

15 Min. 15 Min. 1 Schraubglas (450 g)

Frische Mayo für Veganer! Dank Thermomix® mit Sojadrink schnell und leicht emulgiert.

VEGANELLA – VEGANER MOZZARELLA-ERSATZ

10 Min. 6 Std. 10 Min. 4 Portionen

Kerniger Käse: Pürierte Cashewkerne liefern die Basis für eine leckere Alternative zu Mozzarella.

QUINOA-SALAT MIT SONNENBLUMENKERNEN

15 Min. 40 Min. 4 Portionen

Wohltemperiert mit Biss: Warmer Salat mit viel gegartem Gemüse und kernig-würzigem Topping.

BLUMENKOHL-COUSCOUS

10 Min. 10 Min. 4 Portionen

Kaum wiederzuerkennen: Fein zerkleinerte Röschen – roh und gegart eine leckere Low Carb-Beilage.

All-in-one

Aller guten Dinge sind vier: Wenn Sie im Thermomix® auf allen Ebenen gleichzeitig kochen, können Sie mit minimalem Aufwand ein „All-in-one"-Hauptgericht mit Fleisch oder Fisch, Beilagen wie Gemüse, Kartoffeln oder Reis und dazu noch eine leckere Sauce servieren. Oder Sie nutzen die vier Ebenen, um ein vollständiges Drei-Gänge-Menü mit Suppe und Dessert zuzubereiten. Etwas Besonderes für die Familie oder ein Festessen für Gäste zaubern Sie und Ihr Thermomix® so im Handumdrehen.

VIER KOCHEBENEN

Ob nur Wasser im Mixtopf ist oder darin etwas gekocht wird, das Dampf erzeugt: Ist die Varoma® Temperatur eingestellt, steigt der Dampf durch alle verfügbaren Dampfschlitze auf. So werden alle Lebensmittel gegart: im Mixtopf, im Gareinsatz und auf den oberen Ebenen. Wenn der Gareinsatz mit der Garflüssigkeit im Mixtopf Kontakt hat, werden die darin enthaltenen Zutaten eher gekocht als dampfgegart, was für die Zubereitung von Reis, Linsen oder Bulgur perfekt ist. Dabei müssen Sie nicht einmal umrühren.

Zeit sparen: Während im Mixtopf eine Suppe, eine Sauce oder ein Eintopf kocht, können Sie gleichzeitig Zutaten im Varoma® garen oder aufwärmen. Oder bereiten Sie direkt zwei Gerichte auf einmal zu: Abendessen im Mixtopf und Mittagessen für den nächsten Tag im Varoma®. Auf dem

Varoma®-Einlegeboden können Sie leckere Omelettes garen oder Fisch zusammen mit Gemüse in Päckchen aus Backpapier dampfgaren. Als schonende Garmethode, die Geschmack, Farbe, aber auch alle wichtigen Vitamine und Mineralstoffe der Lebensmittel erhält, eignet sich das Dampfgaren ideal für die Zubereitung von Meeresfrüchten, Fisch, Fleisch und Gemüse.

VIEL ODER WENIG, GANZ NACH WUNSCH

Alle vier Ebenen des Thermomix® zu nutzen, ist in vielerlei Hinsicht praktisch. Kochen Sie nur für eine oder zwei Personen, können Sie auf den vier Ebenen eine komplette Mahlzeit mit Vorspeise, Hauptgericht, Beilage und Dessert zubereiten. Aber vier Ebenen erweisen sich auch als nützlich im Hinblick auf die Kapazität: Mit Mixtopf und Varoma® zusammen lässt sich die Gesamtmenge bei Fisch, Fleisch, Eiern, Hähnchen oder Gemüse auf bis zu 8 Portionen erhöhen. Wenn Sie z. B. Fleischbällchen mit Tomatensauce zubereiten, können Sie, solange die Sauce im Mixtopf kocht, die Fleischbällchen gleichzeitig im Gareinsatz, im Varoma®-Behälter und auf dem Varoma®-Einlegeboden zubereiten.

SIND SIE STARTKLAR FÜR VAROMA®?

Füllen Sie genug Wasser oder Flüssigkeit auf Wasserbasis wie Brühe oder Tomatensauce in den Mixtopf (Achtung: keine gebundenen Saucen!). Sie können mit 500 g Flüssigkeit beginnen, die Dampf für 30 Minuten erzeugt, und bei Bedarf pro weitere 15 Minuten jeweils 250 g Flüssigkeit nachfüllen. Geben Sie die Zutaten in den Gareinsatz und/oder Varoma®-Behälter bzw. auf den Einlegeboden. Achten Sie dabei darauf, dass einige Dampfschlitze frei bleiben und schließen Sie den Varoma®-Deckel.

TIPPS | DAMPFGAREN

Geben Sie die Zutaten, die am längsten brauchen, in den Gareinsatz.

- Die Zutaten, die schnell garen, gehören auf den Varoma®-Einlegeboden, wo sie leicht entnommen und zur Seite

gestellt werden können, wenn sie fertig sind – oder wo sie zu einem späteren Zeitpunkt dazugegeben werden können, damit das ganze Gericht gleichzeitig fertig wird.

- Aus dem Varoma® oder Gareinsatz tropfen Bratensaft bzw. Garflüssigkeit auf die unteren Zutaten. Das ist toll für den Geschmack, wenn Sie darunter z. B. Reis oder Suppe kochen.
- Möchten Sie die weiter unten zubereiteten Speisen nicht auf diese Weise würzen, können Sie für die Zutaten im Varoma® hitzebeständiges Geschirr oder ein Glas (Größe und Höhe beachten!) nutzen, den Varoma®-Einlegeboden mit Backpapier auslegen oder die Zutaten im Varoma® in Backpapier einwickeln.

Wählen Sie die Kochzeit entsprechend der Zutaten aus, die Sie verwenden und stellen Sie den Wähler für Temperatur auf Varoma®, wenn Sie auf allen vier Ebenen kochen.

TIPP | Die Kochzeit hängt von der Menge, der Qualität und der Größe der Zutaten ab (lesen Sie dazu das Kapitel „Gewusst wie" ab S. 248).

TIPPS UND TRICKS

Gewürze zum Einreiben verleihen dampfgegartem Fleisch Farbe und Geschmack.

Für **saftig gebratenes Geflügel oder Fleisch** braten Sie dies vor oder nach dem Dampfgaren kurz in der Pfanne an. Legen Sie den Varoma®-Einlegeboden mit Backpapier aus, um den Saft aufzufangen und machen Sie daraus eine leckere Sauce.

BITTE BEACHTEN!

1. Wählen Sie hitzebeständige Materialien wie Keramik, Metall oder Silikon. Verwenden Sie Glas oder Kunststoff nur dann, wenn Sie wissen, dass es hitzebeständig ist. Einen entsprechenden Hinweis finden Sie auf der Verpackung.
2. Achten Sie darauf, dass einige Dampfschlitze frei bleiben. Sind alle blockiert, gelingt kein gleichmäßiger Garvorgang. Im schlimmsten Fall kommt es zu Verletzungen oder Schäden an Ihrem Thermomix®.

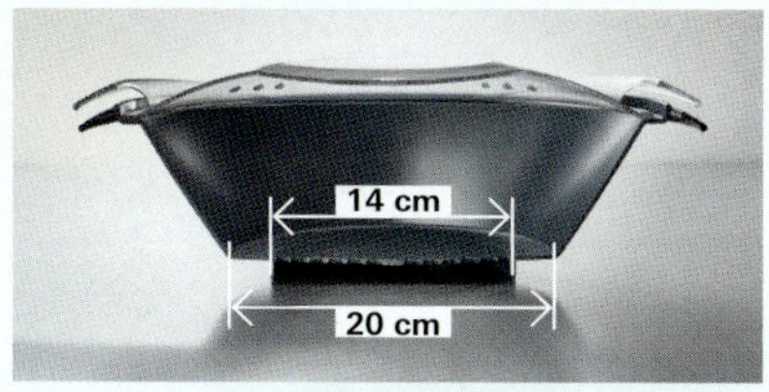

3. Der Boden runder Backformen sollte einen Durchmesser von weniger als 14 cm haben oder größer als 20 cm sein. Schüsseln zwischen 14 und 20 cm blockieren die Dampfschlitze im Varoma®-Behälter.
4. Schüsseln bis zu einer Höhe von 10 cm können im Varoma®-Behälter verwendet werden. Achten Sie aber darauf, dass diese im seitlich abgeschrägten Bereich unterhalb des Varoma®-Deckels nicht zu breit sind.

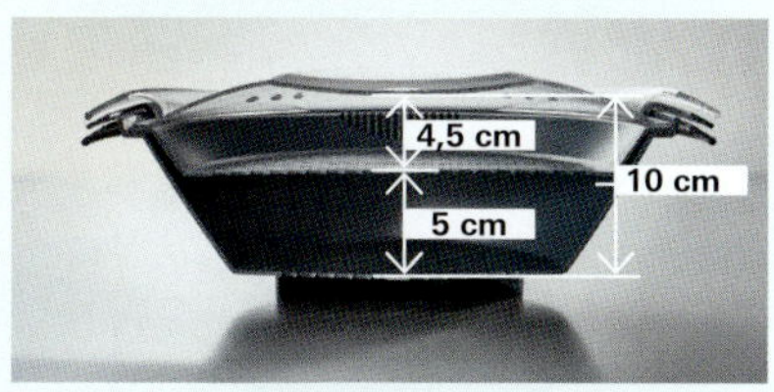

5. Förmchen bis zu einer Höhe von 4,5 cm können gleichzeitig im Varoma®-Behälter und im Einlegeboden verwendet werden.

Passendes Zubehör finden Sie auf www.thermomix.de/shop

ERBSEN-INGWER-SUPPE, ZITRONENLACHS UND BROKKOLI

Darum lieben wir alles, was so grün ist … weil es so frisch und lecker schmeckt, wie es aussieht. Vorab ein cremiges, leicht scharfes Erbsensüppchen. Danach geht's mit mariniertem Lachs und Gemüse Ton in Ton weiter, beides parallel zur Suppe im Varoma® gegart. Mit Reis dazu ein grün-weißes Festmenü!

25 Min. 1 Std.

4 Portionen

Einfach

Pro Portion: 664 kcal

Lachsfilets, Ingwer, Erbsen, Brokkoliröschen, Sahne

PUTENBRUST IM SERRANO-MANTEL MIT TOMATEN UND DRILLINGEN

15 Min. 40 Min.

4 Portionen

Mittel

Pro Portion: 361 kcal

Putenbrust, Serrano-Schinken, Kartoffeln, Tomaten, Salbei

Die Spanier können Schinken – nämlich den würzigen Jamón Serrano. Mit Serranoscheiben umhüllt bekommt die Putenbrust im Varoma® einen tollen Geschmack, während die Drillinge im Gareinsatz köcheln. Das Tomatengemüse in Balsamico-Honig-Sud ist danach blitzschnell im Mixtopf zubereitet.

SPARGEL MIT KARTOFFELN

Als wäre der Varoma® extra für den „König der Gemüse“ erfunden worden, so gut passen die edlen Stangen hinein. Parallel zum Spargel garen die jungen Kartoffeln im Gareinsatz. Zum Frühlingsklassiker passt geschmolzene Butter oder eine Sauce Hollandaise – das Rezept finden Sie auch auf Cookidoo®!

20 Min. 50 Min.

4 Portionen

Einfach

Pro Portion: 193 kcal

Spargel, Kartoffeln, Butter

LINSEN MIT SPÄTZLE UND WIENER WÜRSTCHEN

Lust auf einen kulinarischen Ausflug ins Schwabenländle? Mit dem Thermomix® ist das Zubereiten des Spätzleteigs ein Spaziergang, da er Ihnen das mühsame Kneten abnimmt. Die Spätzle können Sie dann schaben, hobeln oder pressen und auf dem Herd kochen, während die Linsen im Mixtopf garen.

30 Min. 1 Std.

4 Portionen

Mittel

Pro Portion: 1244 kcal

Wiener Würstchen, Tellerlinsen, Speck

HACKBÄLLCHEN MIT BROKKOLI UND CURRYSAUCE

Gluten nicht gern gesehn? Dieses Gericht passt zur glutenfreien Ernährung! Unabhängig davon ist es aber auch einfach eine leckere, warme Mittags- oder Abendmahlzeit für die ganze Familie, die sich mit cleverer Nutzung sämtlicher Ebenen des Thermomix® schnell und einfach zubereiten lässt.

20 Min. 50 Min.

4 Portionen

Einfach

Pro Portion: 758 kcal

Hackfleisch, Brokkoli, Reis, Curry, Sahne

PROBIEREN SIE AUCH ...

ZIEGENKÄSE-SOUFFLÉ, JOGHURT-SAUCE UND PORREE

30 Min. 45 Min. 4 Portionen

Fluffig in Form: Erst garen Soufflés und Porree im Varoma®, dann wird die Sauce im Mixtopf gerührt.

GEMÜSE-COUSCOUS MIT APRIKOSEN UND PINIENKERNEN

25 Min. 50 Min. 4 Portionen

Würziger Gruß aus den Küchen Nordafrikas und Griechenlands: Couscous mit viel Gemüse und Feta.

GEMÜSE-LACHS-SALAT MIT FETA UND QUINOA

30 Min. 50 Min. 6 Portionen

Garant für beste Party-Stimmung – sowohl bei der Zubereitung als auch später bei den Gästen!

ZÜRCHER GESCHNETZELTES MIT KARTOFFELN

30 Min. 3 Std. 4 Portionen

Züri-Gschnätzlets in der genial einfachen Thermomix® Variante – schmeckt auch mit Rösti!

Endlich *Wochenende!*

Jetzt kochen, später essen!

Unser Alltag kann sehr hektisch sein – da fällt es oft schwer, noch Zeit zum Kochen zu finden. Gute Vorbereitung und Thermomix® können Sie aber unterstützen, trotz Alltagsstress leckere Mahlzeiten zuzubereiten. Der Trick: Nutzen Sie das Wochenende in zweierlei Hinsicht! Zum einen, indem Sie nur einmal kochen und den Rest für die kommenden Tage aufbewahren. Zum anderen gibt es viele Gerichte, die sich gut vorbereiten lassen und am Wochenende der Familie oder Gästen schmecken. So bleibt in jedem Fall genug Zeit, das Wochenende zu genießen!

ZEIT SPAREN

Sie können Vieles vorbereiten oder sogar schon komplett im Voraus zubereiten, sodass Sie unter der Woche Zeit sparen.

- **Marinaden:** Rohes, mariniertes Fleisch können Sie bis zu 3 Monate einfrieren. Tauen Sie es im Kühlschrank auf.
- **Saucen/Brühen/Gewürzpaste:** Sehr praktisch ist es, diese nach dem Abkühlen in Eiswürfelbereiter zu verteilen und darin 3–4 Stunden einzufrieren. Danach können Sie die Würfel in Gefrierbeutel füllen.
- **Pizzaböden/Gebäck:** Rollen Sie die Teige zwischen Backpapier aus. Frieren Sie diese flach ein oder rollen Sie sie auf, schlagen sie in Frischhaltefolie ein und brauchen Sie sie innerhalb von 3 Monaten auf.
- **Einzelne Portionen** – z. B. Frikadellen, Ravioli oder Pizzaschnecken – können Sie im Voraus zubereiten und roh einfrieren. Zum Essen dann einfach noch gefroren backen, dampfgaren oder braten.
- **Frühstück und Snacks:** Bereiten Sie Granola, Müsliriegel und Joghurt in größeren Mengen zu. Sie können Brot in Scheiben oder fertig gebackene Pfannkuchen einfrieren.
- **Vielfältige Rezepte:** Wählen Sie Rezepte aus, die auf unterschiedliche Art verwendet werden können, z. B.
  - Bolognesesauce: Schmeckt mit Mais und Kidneybohnen am nächsten Tag auch als Chili.
  - Brokkoli-Gorgonzola-Sauce mit Hähnchen passt am ersten Tag sehr gut zu Nudeln und krönt am zweiten Tag herzhafte Pfannkuchen.
  - Tomaten-Möhren-Aufstrich: Schmiegt sich am zweiten Tag gerne an Spaghetti.
- **Rezepte, die sich gut einfrieren lassen:** Suppen, Eintöpfe, Schmorgerichte, Aufläufe und Lasagne sind beliebte Rezepte, die eingefroren und bei Bedarf aufgewärmt werden können. Portionieren Sie diese und geben Sie sie dann in Gefrierbeutel.

TIPP | Nutzen Sie die volle Kapazität des Thermomix® beim Kochen. Auch wenn Sie nicht alles an dem Tag brauchen, können Sie übrige Portionen für später einfrieren.

TIPPS ZUM EINFRIEREN

TIPP | Gebrauchsfertig – Früchte und Gemüse können tiefgefroren für Smoothies und Eis verwendet werden. Achten Sie dabei darauf, die einzelnen Stücke in einer Lage einzufrieren, so kann später alles ohne Auftauen direkt im Thermomix® verarbeitet werden.

Gemüse vor dem Einfrieren blanchieren

Grünes Gemüse sollte vor dem Einfrieren blanchiert werden, damit Farbe und Nährstoffe erhalten bleiben. Dafür 500 g Wasser in den Mixtopf geben und **6-8 Min./Varoma®/Stufe 1** erhitzen. In dieser Zeit das grüne Gemüse – ggf. in Stücken – in den Varoma®-Behälter geben. Varoma® aufsetzen und **2-4 Min./Varoma®/ Stufe 1** blanchieren. Tauchen Sie den Varoma®-Behälter in eine Schüssel mit Eiswasser, um den Garvorgang zu stoppen. Falls notwendig, Gemüse ausdrücken und gut abtrocknen. Dann vollständig abkühlen lassen. Frieren Sie das blanchierte grüne Gemüse in kleinen Portionen bis zu 2–3 Monate ein.

EINZELNE PORTIONEN

Kleine luftdichte Behälter, Gefrierbeutel, Muffin- oder Eiswürfelformen sind ideal für das Einfrieren von einzelnen Portionen geeignet. Damit vermeiden Sie das Auftauen großer Portionen eingefrorener Lebensmittel und es geht schneller. Sie können auch Saucen und Obstpüree auf diese Weise einfrieren.

VERPACKEN UND BESCHRIFTEN

Verwenden Sie Gefrierbeutel oder -behälter und verschließen Sie diese dicht. Sorgen Sie dafür, dass so wenig Luft wie möglich mit eingeschlossen wird, aber: Flüssigkeiten dehnen sich beim Gefrieren aus. Darum sollte noch etwas Platz im Behälter sein.

TIPP | Verschiedenfarbige Etiketten mit Bezeichnung, Menge und Datum des Einfrierens erleichtern es Ihnen, Ihre eingefrorenen Lebensmittel zu erkennen.

AUFTAUEN

Die sicherste Art aufzutauen ist im Kühlschrank. Denn Auftauen bei Raumtemperatur kann gerade bei Fisch oder Fleisch gefährlich werden, wenn sich Bakterien auf der Außenseite des Lebensmittels vermehren, bevor der Kern aufgetaut ist.

Wichtige Hinweise

- Lassen Sie Ihre Lebensmittel vor dem Einfrieren vollständig abkühlen, um einen Anstieg der Temperatur im Gefrierschrank zu vermeiden. Denn dieser führt dazu, dass der Gefrierschrank vereist und mehr Strom verbraucht.
- Frieren Sie aufgetaute Lebensmittel nicht wieder ein.
- In der Regel können rohe Lebensmittel bis zu 6 Monate eingefroren werden und gekochte 1–2 Monate.
- Wenn Sie Lebensmittel aufwärmen, sorgen Sie dafür, dass diese zwei Minuten lang eine Temperatur von 70°C erreichen, sodass sie dampfend heiß sind.
- Entscheiden Sie sich am Tag der Zubereitung, ob Sie das Essen einfrieren möchten oder nicht. Frieren Sie nur frische Mahlzeiten und Zutaten, die nicht schon länger im Kühlschrank aufbewahrt wurden, ein.

LASAGNE

Diese Lasagne ist ein allseits beliebter Thermomix® Klassiker – ideal, wenn Sie Gäste erwarten und es entspannt angehen lassen wollen. Die Saucen können Sie nämlich gut vorbereiten, dann die Lasagne schon mal in eine Auflaufform schichten und sie kurz bevor die Gäste kommen in den Ofen schieben.

- 40 Min. – 2 Std.
- 6 Portionen
- Mittel
- Pro Portion: 720 kcal
- Nudelplatten, Hackfleisch, stückige Tomaten

ÜBERBACKENER BLUMENKOHL MIT OFENKARTOFFELN UND SENFSAUCE

Nix für Vegetarier, dieser Kohlkopf! Denn der im Varoma® vorgegarte Blumenkohl bekommt einen deftigen Mantel aus Hackfleisch und Bacon, bevor er mit den Kartöffelchen im Ofen backt. So duftet es bereits köstlich, wenn Sie die Senf-Frischkäse-Sauce zubereiten. Reicht locker für 6 Personen!

45 Min. 1 Std. 50 Min.

6 Portionen

Mittel

Pro Portion: 741 kcal

Blumenkohl, Hackfleisch, Bacon, Kartoffeln

BÜRLI MIT ROGGEN

Kein Sonntagsfrühstück ohne Bürli: Diese knusprigen Brötchen müssen Sie probieren! Auf Cookidoo® finden Sie noch mehr Varianten, z. B. mit Körnern, Mohn oder Käse-Schinken. Und wenn Sie den Teig am Vorabend machen, starten Sie am Wochenende ausgeschlafen mit frischen Bürlis in den Tag.

15 Min. 12 Std.

12 Stück

Einfach

Pro Stück: 146 kcal

Hefe, Roggenmehl, Weizenmehl

KARTOFFEL-ZUCCHINI-TORTILLA

Garantiert partytauglich: Diese reichhaltige Tortilla macht sich fast von allein. Gemüse zerkleinern, Eier verrühren – erledigt alles der Thermomix®. Die Tortilla schmeckt ofenfrisch in Stücke geschnitten und mit Tomatensalat kombiniert ebenso lecker wie häppchenweise als Party-Fingerfood.

30 Min. 1 Std. 10 Min.

12 Stücke

Mittel

Pro Stück: 205 kcal

Paprika, Zucchini, Eier, Kartoffeln

SAUERBRATENRAGOUT

Nach rheinischer Hausfrauenart! Das Ragout muss wie der klassische Sauerbraten einen Tag in der Marinade ziehen – gerne auch 2 Tage. Umso zarter wird es dann beim „Schmoren“ im Mixtopf. Dazu gibt's wie bei Oma Semmelknödel – schnell selbst gemacht und im Varoma® mitgegart.

30 Min. 49 Std.

6 Portionen

Mittel

Pro Portion: 734 kcal

Sauerbratenfleisch, Rotwein, Brötchen, Gewürze

PROBIEREN SIE AUCH …

ERBSENSUPPE MIT WÜRSTCHEN

20 Min. 1 Std. 45 Min. 4 Portionen

Zünftiger Eintopf fürs Wochenende: Die Suppe köchelt im Mixtopf, die Würstchen garen im Varoma®.

CURRY-COLESLAW

5 Min. 40 Min. 4 Portionen

Extrem leckerer Krautsalat im American Style. Passt zu Burgern & Co. und lässt sich prima vorbereiten.

SOMMERLICHER KARTOFFELSALAT

20 Min. 3 Std. 4 Portionen

Sommerleicht: Man sieht und schmeckt es nicht, aber dieser Kartoffelsalat kommt ohne Mayo aus.

QUICHE LORRAINE

25 Min. 50 Min. 8 Stücke

Ran an den Elsässer Speck! Klassisch mit Schinkenspeck oder vegetarisch mit getrockneten Tomaten.

THERMOMIX® KOCHSCHULE ★ THERMOMIX® KOCHSCHULE ★

Brotzeit

Hmmm, wie das duftet ... Und wie köstlich das schmeckt! Nichts geht über frisch gebackenes Brot! Und mit Thermomix® ist es ganz leicht, Ihr Brot selbst herzustellen. Wenn Sie zum ersten Mal Brot backen, werden Sie bestimmt eine Menge Fragen dazu haben. Welches Mehl eignet sich? Welche Hefe ist die beste und welche Menge ist empfehlenswert? Wann wird Salz hinzugegeben? Was ist die optimale Ofentemperatur zum Backen von Brot? Hier sind unsere Tipps, die Ihnen helfen, jeden Tag Ihr selbst gemachtes frisches Brot im Haus zu haben.

HAUPTBESTANDTEILE

Brot wird aus vier Grundzutaten hergestellt: Mehl, Hefe, Salz und Wasser. Also einfache Zutaten, die Sie wahrscheinlich bereits im Vorrat haben.

MEHL

Kräftiges Weizenmehl ist aufgrund seines hohen Glutengehalts die beliebteste Sorte für die Herstellung von Brot. Es ist das Gluten im Mehl, das dem Brot seine Struktur verleiht. Natürlich kann Brot auch aus Mais, Roggen, Hafer, Dinkel oder einem anderen Getreide – auch Reis – hergestellt werden. Damit es eine bessere Struktur bekommt, empfehlen wir, etwas Weizenmehl in den Brotteig zu mischen.

TIPP | So stellen Sie Ihr eigenes Mehl her: Mahlen Sie das volle Korn im Thermomix®, um unterschiedliche Vollkornmehle für Ihr Brot zu erhalten. Ein Rezept dazu finden Sie auf Cookidoo®.

WASSER

Die am häufigsten verwendete Flüssigkeit bei der Herstellung des Brotteigs ist Wasser. Alternativ wird in manchen Rezepten auch Bier oder Buttermilch verwendet. Rezepte für süße, weiche Brote nach Art eines Hefezopfs enthalten Milch. Die verwendete Flüssigkeit sollte dabei kalt sein, damit der Hefeteig nicht zu warm wird.

HEFE

In unseren Rezepten verwenden wir überwiegend frische Hefe. Zur Herstellung von Brot können Sie aber auch Trockenhefe nehmen. Beachten Sie in dem Fall bitte die Angaben auf der Verpackung.

TIPPS

- **Frische Hefe** können Sie, in Frischhaltefolie gewickelt, bis zu 2 Wochen im Kühlschrank aufbewahren oder bis zu 3 Monate einfrieren.
- **Trockenhefe** sollten Sie an einem kühlen, trockenen Ort aufbewahren.
- Trockenhefe ist dreimal so stark wie frische Hefe. 20 g frische Hefe kann durch etwa 2 TL trockene Instanthefe (8 g) ersetzt werden.

SALZ

Ohne Salz kein Brot! Salz wird nicht nur aus Geschmacksgründen zugegeben, es macht die Teige widerstandsfähiger und formstabiler. Vermeiden Sie aber einen direkten Kontakt des Salzes mit der Hefe.

TIPP | Verwenden Sie feines Salz, damit es sich besser mit dem Teig verbindet.

ANDERE ZUTATEN

Brote können mit Butter, Eiern, Nüssen, Oliven, getrockneten Tomaten, Kräutern und Gewürzen, Olivenöl, Speck, Saaten, Haferflocken, Zwiebeln oder Knoblauch angereichert werden. Lassen Sie Ihrer Kreativität freien Lauf! Inspirationen finden Sie auf Cookidoo®.

BROTHERSTELLUNG

RÜHREN UND KNETEN

Bei der Brotherstellung ist das Kneten von wesentlicher Bedeutung für das Vermischen der Zutaten. Glücklicherweise übernimmt der Thermomix® diese Aufgabe für Sie – im Modus „Teig kneten". Das erspart Ihnen eine Menge Muskelkraft!

TIPP | Geben Sie die Zutaten immer in der Reihenfolge zu wie im Rezept angegeben. Wenn Sie weitere Zutaten hinzufügen möchten, geben Sie diese nach dem Kneten dazu. Zum Hineinarbeiten den Teig dann noch mal ein paar Sekunden kneten.

GEHEN LASSEN

Zum Gehenlassen formen Sie den Teig zu einer Kugel und legen ihn in eine leicht gefettete Schüssel. Decken Sie ihn mit Frischhaltefolie oder einem Geschirrtuch ab und lassen ihn an einem warmen, zugfreien Ort gehen. Dies kann unterschiedlich lange dauern, je nach Zimmertemperatur und Menge an Hefe im Rezept. Generell gilt: Je weniger Hefe verwendet wird, desto länger muss der Teig gehen.

TIPP | Um zu prüfen, ob der Teig bereit zum Backen ist, drücken Sie ihn vorsichtig mit der Fingerspitze ein. Der Abdruck sollte langsam verschwinden. Wenn der Teig schnell zurückfedert, ist er noch nicht genug gegangen. Wenn der Abdruck bleibt, ist der Teig übergangen. Das ist nicht weiter schlimm, denn das Brot wird im Ofen nicht mehr so stark aufgehen und immer noch gut schmecken.

Bringen Sie den Teig in die gewünschte Form. Zum Schluss können Sie die Oberfläche einschneiden, mit Salz oder Körnern bestreuen oder mit Wasser bestreichen. Seien Sie dabei vorsichtig, damit keine Luft aus dem Laib entweicht.

Zum Frühstück frisches Brot

Sie möchten jeden Morgen frisches Brot genießen? Dann reduzieren Sie die Hefemenge im Teig und lassen ihn bis zu 2 Tage im Kühlschrank gehen. Geben Sie ihn dazu in eine große Schüssel mit Deckel. Das langsame Gehen sorgt für einen kräftigeren Brotgeschmack. Am Morgen entnehmen Sie dann gerade so viel Teig für Brot oder Brötchen, wie Sie benötigen. Formen Sie mithilfe von 2 Löffeln kleine Teigportionen und geben diese auf ein mit Backpapier ausgelegtes Backblech. Heizen Sie den Ofen auf 200-220°C vor (10–15 Minuten). Der Teig geht, solange der Ofen vorgeheizt wird. Backen Sie die Brötchen 15–18 Minuten – reduzieren Sie ggf. nach 5 Minuten die Temperatur – und genießen Sie Ihr Frühstück. Rezept-Tipp: Unsere Bürli-Rezepte auf Cookidoo® sind perfekt dafür geeignet!

FORMEN

Wenn der Teig genug gegangen ist, verarbeiten Sie ihn auf einer leicht bemehlten Arbeitsfläche mit bemehlten Händen zu Brötchen oder einem Brotlaib. Bringen Sie den Teig in die gewünschte/n Form/en und legen ihn auf ein Backblech. Decken Sie ihn lose mit einem Küchentuch ab und lassen ihn gehen, bis er die doppelte Größe erreicht hat.

TIPPS

- Um eine glatte Kugel zu formen, schlagen Sie die Seiten von außen nach innen ein und drehen Sie den Teigling um.
- Ein weicher und klebriger Teig kann eine sehr schöne offene Kruste ergeben – mit vielen gleichmäßigen Löchern und einer feinen Struktur. Verwenden Sie gerade so viel Mehl, dass der Teig nicht auf der Arbeitsfläche oder an Ihren Händen klebt. Zu viel Mehl macht den Teig schwer und das Brot trocken. Arbeiten Sie ansonsten mit einer Teigkarte.
- Heizen Sie den Ofen vor, solange der Teig aufgeht.

TIPP | GLASUREN UND TOPPINGS

- Bestreichen Sie den Teig dünn mithilfe eines Backpinsels. Mögliche Glasuren sind unter anderem:
  - Wasser für eine knusprige Kruste
  - Milch oder Sahne für eine weiche Kruste
  - Ei oder Eigelb, verquirlt mit einer Prise Salz, für eine glänzende Oberfläche.

Wussten Sie schon, …
wie Sie prüfen können, ob das Brot fertig ist? Nehmen Sie es dazu aus dem Ofen und klopfen vorsichtig auf die Unterseite. Wenn es hohl klingt, dann ist das Brot fertig. Guten Appetit!

BACKEN

Für knusprige Brote sind in der Regel hohe Temperaturen von 240–250°C ideal. Die Ofentemperatur muss jedoch an die Art des Brotteigs und die Größe des Laibs angepasst werden. Schauen Sie in unsere Thermomix® Rezepte, um herauszufinden, welche die beste Temperatur für Ihr Brot ist. Für eine schöne Kruste werden Brot und Brötchen oft auf hohen Temperaturen vorgebacken und dann bei reduzierter Temperatur fertig gebacken.

SCHWADEN

Durch Schwaden kann das Gebäck während des Backens gut aufgehen und bekommt eine schöne braune Farbe. Schwaden ist wichtig, wenn ein Brot oder Gebäck in einer Kastenform oder auf dem Backblech gebacken wird. Beim Backen im Gusseisentopf oder Römertopf entsteht durch den verschlossenen Deckel ausreichend Dampf. Und so funktioniert's: Stellen Sie ein hitzebeständiges Gefäß (z. B. eine Gusseisenpfanne) auf den Boden des Backofens und heizen dieses mit dem Backofen vor. Nachdem Sie das Brot in den Backofen gegeben haben, spritzen Sie 50 ml Wasser in das vorgeheizte Gefäß und schließen schnell die Tür. Nach 10–15 Minuten der Backzeit öffnen Sie für ca. 30 Sekunden die Backofentür, damit der Dampf entweichen kann.

LANDBROT BACKHAUSART

- 20 Min.
- 2 Std.
- 35 Scheiben
- Mittel
- Pro Scheibe: 70 kcal
- Weizenkörner, Mehl, Hefe, Buttermilch

Ein herrlich rustikales Brot für jeden Geschmack und jede Gelegenheit! Die Kastenform eignet sich gut, wenn Sie aus dem Brot Sandwiches zubereiten möchten. Der große ovale Brotlaib ergibt geschnitten genau die perfekten Scheiben für Tomaten-Bruschetta.

WEIZEN-BUTTERMILCH-BROT

Ein besonderes Brot aus eigener Herstellung, weil's ofenfrisch am besten schmeckt! Mischen Sie die Mehlsorten nach eigenen Vorlieben. Hier sind es Weizen und Dinkel, aber auf Cookidoo® gibt's auch Rezepte mit Weizen und Roggen. Und dazu natürlich viele passende Aufstriche von süß bis herzhaft.

20 Min. 12 Std.

16 Scheiben

Mittel

Pro Scheibe: 189 kcal

Buttermilch, Weizenmehl, Dinkelmehl

LAUGENBREZELN

Die leckeren Brezeln selbst zu machen, laugt ohne kräftezehrendes Teigkneten überhaupt nicht aus. Erst wenn der Thermomix® seinen Job gemacht hat, ist Handarbeit angesagt. Kurz nachkneten, in Teiglinge teilen, in Brezelform bringen, von allen Seiten laugen und mit Salz bestreut ab in den Ofen!

30 Min. 1 Std. 15 Min.

9 Stück

Mittel

Pro Stück: 263 kcal

Hefe, Wasser, Weizenmehl, Dinkelmehl, Schmalz, Salz

BAGUETTE

30 Min. 3 Std. 45 Min.

3 Stück

Aufwendig

Pro Stück: 604 kcal

Hefe, Wasser, Mehl

Trauen Sie sich? Was mal ein fluffig-lockeres Baguette werden will, braucht zuvor eine besonders einfühlsame Behandlung. Mehrfache Gehzeit, Geduld und Fingerspitzengefühl sind die Schlüssel zum Baguette-Erfolg. Als Belohnung winkt dann aber auch ein köstliches, superfrisches Backwerk!

BRÖTCHEN

Der Weizen-Dinkel-Teig ist bereit, gleich gibt's frische Brötchen! Heizen Sie den Ofen gut vor, denn es muss richtig heiß hergehen. Zusätzlich empfehlen wir den Backblech-Trick. Ein tiefes Backblech, umgekehrt auf die Brötchen gesetzt, sorgt für optimale Hitzezufuhr und eine knusprige Kruste!

20 Min. 1 Std. 40 Min.

8 Stück

Mittel

Pro Stück: 223 kcal

Hefe, Dinkelmehl, Weizenmehl

KRÄUTERFALTENBROT

So kann sich Geschmack frei entfalten: Im Mixtopf Hefeteig kneten und rechteckig ausrollen, dann die Kräuterbutter rühren. Den Teig damit bestreichen und die Teigstreifen in einer Kastenform in gleichmäßige Ziehharmonika-Falten legen. Kurz gehen lassen, backen und warm oder kalt genießen!

- 20 Min. 1 Std. 20 Min.
- 12 Portionen
- Einfach
- Pro Portion: 283 kcal
- Hefe, Mehl, Butter, Kräuter

PROBIEREN SIE AUCH ...

BURGER-BRÖTCHEN

25 Min. 1 Std. 45 Min. 8 Stück

Patty-Party: Diese ofenfrischen weichen Brötchen sind der Knüller für hausgemachte Burger-Patties!

TOASTBROT

25 Min. 16 Std. Gesamtrezept

In der Ruhe liegt die Kraft: Der Teig braucht Geduld und auch etwas Handarbeit. Lohnt sich aber!

MÖHREN-NUSS-BROT

15 Min. 2 Std. 10 Min. 25 Scheiben

Knackig und kerngesund: In der Kastenform gebackenes Möhrenbrot mit ganzen Haselnusskernen.

EINFACHES MISCHBROT

20 Min. 3 Std. 40 Min. Gesamtrezept

Frisch aus Ihrer Backstube: Gelingt auch Anfängern und schmeckt genauso gut, wie es duftet!

KÖRNER-BAGELS

40 Min. 2 Std. 10 Stück

Bagels für Körnerpicker: Auch die Weizen- und Dinkelkörner für den Teig sind frisch selbst gemahlen.

TOMATEN-OMELETTE

20 Min. 45 Min.

8 Stücke

Einfach

Pro Stück: 113 kcal

Parmesan, Eier, Cherry-Tomaten

Hauen Sie nie ein Omelette in die Pfanne, wenn Sie einen Thermomix® haben! Im Varoma® gelingt dieses Tomaten-Omelette nämlich total einfach und punktgenau. Schmeckt warm oder kalt, schaut toll aus und ist perfekt für den Brunch – auch in all den Varianten, die es auf Cookidoo® noch gibt.

HEFEZOPF

„Ich backe morgen einen Hefezopf und wir trinken eine Tasse Tee." Was Paul Winkelmann alias Loriot konnte, können Sie auch! Der geflochtene Hefezopf ist Kult und gelingt mit diesem Rezept ganz klassisch wie bei Muttern. Auch mit Hagelzucker, gehobelten Mandeln oder Rosinen lecker!

- 20 Min. – 2 Std. 20 Min.
- 30 Scheiben
- Mittel
- Pro Scheibe: 93 kcal
- Butter, Hefe, Milch

SWEET HOT GAZPACHO

Der Ventilator von innen an heißen Tagen: Gazpacho in andalusischer Tradition. Genialer Kontrast von süßer Mango und scharfer Peperoni, begleitet von Paprika, Gurke, Tomate, Limette, frischen Kräutern und Gewürzen. Im Thermomix® schnell püriert und mit Brotchips serviert – Summerfeeling!

- 25 Min.
- 25 Min.
- 4 Portionen
- Einfach
- Pro Portion: 183 kcal
- Gurke, Mango, Tomate

MANDARINEN-INGWER-BOWLE

Beschwingt ohne Alkohol: Diese Bowle ist schnell gemacht und familienfreundlich – jeder darf probieren! Unbehandelte Limetten kommen geviertelt zusammen mit Ingwer und Saft in den Mixtopf. Anschließend einfach alles durch ein Sieb in eine Schüssel über die Mandarinen abgießen.

15 Min. 15 Min.

10 Gläser

Einfach

Pro Glas: 117 kcal

Mandarinen, Ingwer, Traubensaft

PANCAKES, AMERIKANISCH

Breakfast in America … Sie schmecken sündhaft lecker, diese typisch amerikanischen Pfannküchlein. Da dem Teig Backpulver zugegeben wird, plustern sie sich in der gebutterten Pfanne luftig-locker auf. Besonders unwiderstehlich ganz klassisch mit Ahornsirup oder mit Kakao und Blaubeeren als Schoko-Pancakes.

- 40 Min. 40 Min.
- 12 Stück
- Einfach
- Pro Stück: 131 kcal
- Butter, Zucker, Milch, Mehl

PROBIEREN SIE AUCH ...

FRÜHSTÜCKSEI MIT SPECK UND PAPRIKA

15 Min. 35 Min. 6 Portionen

Hier wird nichts in die Pfanne gehauen: Die Eier garen mit Bacon und Paprika in Varoma® Förmchen.

LAUWARMER SONNENWEIZEN-SALAT

15 Min. 30 Min. 4 Portionen

Bei sommerlicher Hitze ist dieser leichte, lauwarm servierte und schnell gemachte Salat goldrichtig.

WAFFELN

20 Min. 20 Min. 8 Stück

Waffelduft liegt in der Luft! Immer wieder köstlich – und der Teig wird im Mixtopf cremig gerührt.

FOCACCIA MIT TOMATEN

10 Min. 40 Min. 9 Stücke

Pizza oder Fladenbrot? Diese Focaccia mit gebackenen Tomaten nimmt Ihnen die Entscheidung ab.

HUMMUS

10 Min. 10 Min. 10 Portionen

Orientalischer Dip aus pürierten Kichererbsen und Sesampaste – köstlich mit frischem Fladenbrot!

RINDERGULASCH MIT SEMMELKNÖDELN

Die leckerste Art, trockene Brötchen vom Vortag zu verwerten: Semmelknödel daraus machen! Der Knödelteig wird im Mixtopf vorbereitet und umgefüllt, damit dann das Gulasch darin schmoren kann. Später garen die Knödel im Varoma® mit. Der deftige Familienklassiker reicht locker für 6 Personen.

30 Min. 1 Std. 30 Min.

6 Portionen

Mittel

Pro Portion: 554 kcal

Rindergulasch, Brötchen, Tomaten, Rotwein, Paprika

KRUSTENBRATEN MIT MALZSAUCE

Am Wochenende relaxed kochen, aber es soll trotzdem etwas Besonderes sein, weil Gäste kommen? Entspannen Sie sich bei einem saftigen Krustenbraten, der nach dem Dampfgaren noch im Ofen kross brät. Die Sauce ist schnell gemacht, dazu Spätzle oder Knödel – und vielleicht ein kühles Bierchen!

20 Min. 2 Std. 40 Min.

6 Portionen

Mittel

Pro Portion: 570 kcal

Schweinefleisch, Malzbier, Kartoffeln, Möhren, Zwiebeln

HÜHNERFRIKASSEE MIT SPARGEL

20 Min. 1 Std.

6 Portionen

Mittel

Pro Portion: 593 kcal

Reis, Möhren, Spargel, Hähnchenbrust

Sehr edel, dieses Hühnerfrikassee. Mit frischen Stangen wird daraus ein saisonaler Festtagsschmaus, an dem sich 6 Personen gütlich tun können. Gemüse und Hähnchenbrust garen im Varoma®, der Reis kocht parallel im Gareinsatz und die Garflüssigkeit ist zugleich Saucenbasis – genial praktisch!

GERMKNÖDEL MIT MOHNFÜLLUNG

Süße Verführung: Germknödel aus dem Varoma® mit Vanillesauce – als Hauptgericht oder Nachtisch. Für alle, die Mohn lieben, ist die Füllung die perfekte Alternative zum klassischen Pflaumenmus. Während die Knödel gehen, bereiten Sie im Mixtopf schon mal Mohnzucker und Vanillesauce zu.

30 Min. 1 Std. 30 Min.

8 Portionen

Mittel

Pro Portion: 437 kcal

Mohn, Hefe, Vanilleschote

HACKFLEISCH-PFANNKUCHEN

Fast wie gefüllte Cannelloni – aber mit Pfannkuchen! Mixtopf, Pfanne und Backofen ergänzen sich hier super. Pfannkuchenteig, Hackfleischfüllung und Béchamelsauce bereiten Sie im Mixtopf zu. Pfannkuchen für jeden Tag finden Sie auch auf Ihrem Thermomix® oder auf Cookidoo®.

50 Min. 1 Std. 10 Min.

8 Stück

Einfach

Pro Stück: 538 kcal

Hackfleisch, Milch, Mehl, Paprika, Tomaten

PROBIEREN SIE AUCH ...

LINSENSUPPE

10 Min. 8 Std. 45 Min. 4 Portionen

Ein Topf Deftiges, frisch aufgetischt: Linsensuppe nach Hausmannsart mit knackigen Würstchen.

REIBEKUCHEN

45 Min. 45 Min. 4 Portionen

Ganz ohne mühsames Reiben: Kartoffeln und Zwiebeln werden einfach im Mixtopf zerkleinert.

GEMÜSEEINTOPF MIT KARTOFFELN UND WÜRSTCHEN

30 Min. 50 Min. 6 Portionen

Wurst und Gemüse im Eintopf vereint – so kann das Wochenende kommen!

COQ AU VIN

20 Min. 2 Std. 4 Portionen

Schlemmen à la Thermomix®: Hähnchenschenkel in köstlicher Rotwein-Sauce – im Ofen gegart.

RINDFLEISCH-PIE MIT BIER

Ein deftiger Partykracher mit Hopfen und Malz, der sich super vorbereiten lässt: Rindfleisch bräunen, in Bier köcheln, bis es ganz zart ist, und dann mit Teig bedeckt im Ofen backen.

Exklusiv für TM6

30 Min. · 1 Std. 40 Min.

4 Portionen

Mittel

Pro Portion: 647 kcal

Rindfleisch, Zwiebeln, Bier, Olivenöl, Mehl, Butter

TEX-MEX-TORTILLAS MIT SCHWEINEFLEISCH

30 Min. 1 Std. 20 Min.

6 Portionen

Einfach

Pro Portion: 446 kcal

Schweinefleisch, Tomaten, Bohnen, Tortillas, Avocado, Jalapeños, Paprika

Für die kulinarische Fiesta Mexicana muss das Schweinefleisch bei 95°C so lange köcheln, bis es butterweich ist und fast von allein zerfällt. Danach wird es noch mal extra gebräunt und zusammen mit typisch peppigen Tex-Mex-Zutaten auf Mais-Tortillas serviert.

KARTOFFELPÜREE

Wie mögen Sie und Ihre Familie Kartoffelpüree am liebsten? Cremig oder stückig? Zu deftigem Kasseler und Sauerkraut oder zu Fischstäbchen mit Spinat? Der Thermomix® erfüllt jeden Püree-Wunsch. Alles, was Sie ihm geben müssen, sind mehligkochende Kartoffeln, Milch, Butter, Salz und Muskat.

15 Min. 45 Min.

4 Portionen

Einfach

Pro Portion: 296 kcal

Kartoffeln, Milch, Butter

APFELROTKOHL

20 Min. 1 Std. 10 Min.

4 Portionen

Einfach

Pro Portion: 235 kcal

Äpfel, Rotkohl, Gewürze

Rotkohl wächst nicht im Glas! Wie wär's, wenn Sie ihn beim nächsten festlichen Anlass mal selbst machen? Mit Apfelstücken in Rotwein geköchelt und fein abgeschmeckt. Der Thermomix® erledigt hier fast alles, sei es Schneiden, Kochen oder Rühren – aber das Lob der Gäste gebührt Ihnen!

RATATOUILLE

Mit dieser Ratatouille gewinnen Sie den Oscar der Herzen! Das A und O des Gemüseklassikers der französischen Küche ist das Umrühren (touiller = rühren) – und der Thermomix® beherrscht das filmreif. Schmeckt mit Pasta als vegetarisches Gericht und als Beilage zu gebratenem Fleisch oder Fisch.

15 Min. 40 Min.

4 Portionen

Einfach

Pro Portion: 101 kcal

Tomaten, Paprika, Zucchini, Aubergine

MÖHREN-ERBSEN-GEMÜSE

Ein sahniges Duo, das im Thermomix® mit links gelingt: Die sanfte Linkslauf-Funktion nutzen Sie zum Andünsten der Möhrenscheiben mit Butter, Mehl und Gewürzen, und dann auch für Sahne und Erbsen, die Sie später dazugeben. Lässt sich auch super zum Möhren-Kohlrabi-Gemüse abwandeln!

15 Min. 35 Min.

4 Portionen

Mittel

Pro Portion: 223 kcal

Möhren, Erbsen, Sahne

SPÄTZLE

Die Spätzle pfeifen's von den Tellern: Wir sind hausgemacht! Die Teigherstellung – sonst eine recht „zähe" Angelegenheit – übernimmt Thermomix®. Mithilfe einer Spätzlepresse drücken Sie dann den Teig direkt ins kochende Wasser. Zum Schluss die Spätzle noch in heißer Butter schwenken.

30 Min. 30 Min.

4 Portionen

Mittel

Pro Portion: 640 kcal

Mehl, Eier, Wasser

PROBIEREN SIE AUCH ...

KARTOFFELN, GEKOCHT

10 Min. 35 Min. 4 Portionen

Ein Topf weniger zu spülen: Kartoffeln können Sie einfach im Gareinsatz (mit)garen.

POLENTA

10 Min. 30 Min. 4 Portionen

Einfach rühren(d): Polenta rühren ist eigentlich Schwerstarbeit – die erledigt hier Thermomix®.

SEMMELKNÖDEL

30 Min. 50 Min. 6 Portionen

Leckeres Brötchen-Recycling: Für Semmelknödel aus dem Varoma® sind altbackene Brötchen ideal.

RAHM-SPITZKOHL MIT ZITRONE

15 Min. 35 Min. 4 Portionen

Junges Gemüse: Zarter Spitzkohl in Zitronenrahm passt gut zu Schnitzel und paniertem Fisch.

Eiszeit

Die neue Eiszeit: Wenn Sie Eis mit Thermomix® herstellen, können Sie Ihren Vorlieben und Ihrer Fantasie freien Lauf lassen – mehr oder weniger Zucker, mit Milch oder mit Wasser, mit frischen Früchten, Nüssen, Schokolade, Karamell oder aromatischen Kräutern und mit Ihrem Lieblingstopping. Wir zeigen Ihnen, wie Sie Eis und Sorbet ganz ohne künstliche Farb- und Konservierungsstoffe herstellen können. Klingt gut? Schmeckt auch so!

MILCHEIS UND SORBET

Milcheis besteht aus den Grundzutaten Sahne oder Milch und Zucker, manchmal wird es auch mit Ei hergestellt, da das Ei die fetten und wässrigen Bestandteile bindet und so für ein cremiges Mundgefühl sorgt. Je nach Rezept kommen noch Früchte, Schokolade, Nüsse, Karamell oder andere Zutaten hinzu. Sorbet wird aus einer Mischung aus Früchten, Zucker bzw. Sirup und/oder aromatisiertem Wasser gemacht. Traditionell werden dazu keine Milchprodukte und Eier verwendet. Für eine cremigere Textur kann jedoch Eiweiß dazugegeben werden. Im Gegensatz zu Milcheis ist Sorbet in der Regel fettfrei. Es kann mit Gewürzen oder Kräutern aromatisiert sein.

TIPPS

- Für Erwachsene können Sie 1 –2 TL eines alkoholischen Getränks zur Eis- oder Sorbetmischung zugeben, z. B. Fruchtlikör – oder Wodka, wenn es weniger nach Alkohol schmecken soll.
- Durch die Zugabe von Zuckersirup, Glukose, Honig oder Zuckerrübensirup erhält Milcheis eine weichere Konsistenz.

Fruchteis

Für Fruchteis können Sie entweder tiefgefrorene Früchte direkt verarbeiten oder am Vortag vorbereitete Frucht-Eiswürfel verwenden. Kurz im Thermomix® cremig rühren und den fruchtig-kalten Genuss sofort servieren. Für noch mehr Cremigkeit sorgt die Zugabe von Sahne, Buttermilch oder Joghurt sowie von Kokosmilch oder anderen pflanzlichen Milch- und Sahnealternativen für die vegane Variante. Leichter und kalorienärmer geht es für Figurbewusste mit tiefgekühltem Obst, das Sie nach dem Zerkleinern mit Eiweiß, fettarmer Milch und Süßstoff kurz cremig aufschlagen. Egal für welches Rezept Sie sich entscheiden: Sollte das Fruchteis nach dem Cremigrühren zu weich sein, füllen Sie es einfach in eine Schüssel und stellen es kurz ins Gefrierfach.

Wussten Sie schon, …

dass traditionell jede Eiscreme jede Stunde gerührt werden sollte, bis sie vollständig gefroren ist? Dadurch erhält sie ihre cremige Textur. Mit Thermomix® ist das bedeutend einfacher – Sie müssen die Eismischung nur 20–30 Sekunden cremig rühren, nachdem sie gefroren ist.

EIS HERSTELLEN

MILCH- ODER SAHNEEIS

In unserer Kochschule stellen wir Ihnen den Klassiker Vanilleeis vor, denn auch gehaltvollere Sorten gelingen ganz einfach mit Thermomix®. Der Unterschied zu den Fruchteis-Sorten: Zutaten wie Schokolade, Haselnüsse oder Vanilleschoten werden meist im ersten Schritt mit Eigelb, Milch, Sahne und Zucker unter Rühren erhitzt und eventuell nach dem Abkühlen im Mixtopf noch einmal cremig gerührt. Jetzt kommt der Trick: Die vollständig abgekühlte Eismischung, am besten über Nacht, in Eiswürfelbehältern gefrieren lassen. Dann die Schoko-, Vanille- oder Nuss-Eiswürfel in den Mixtopf geben und Thermomix® die Arbeit machen lassen. In wenigen Sekunden haben Sie ein cremiges Milcheis. Alternativ können Sie die Mischung auch in einer flachen Gefrierschüssel einfrieren, nach kurzem Antauen im Kühlschrank in Würfel schneiden und dann cremig rühren.

TIPPS

- **Eispralinen:** Eis muss nicht immer im Hörnchen oder Becher serviert werden, es geht auch klein und fein! Dank Thermomix® müssen Sie dafür nicht ins Kino fahren …
- **Bananen-Eis (Nicecream):** Der Clou der Clous. Nur eine Zutat ist hier am Start, die nach dem Tiefkühlen im Thermomix® cremig gerührt wird. Keine weiteren Zutaten und soooo lecker!
- **Schoko-Erdnuss-Parfait:** Wer Schokoriegel mit Erdnüssen mag, wird dieses Parfait lieben! Und weil es sich so gut vorbereiten lässt, ist es das perfekte Dessert für Gäste.

VANILLEEIS

20 Min.

12 Std.

8 Portionen

Mittel

Pro Portion: 268 kcal

Milch, Sahne, Eigelb

Was kann noch rein?

Einmal Lieblingsmischung, bitte!
Nach dem Rühren der gefrorenen Eiscreme geben Sie die Zutaten zum Untermischen dazu, z. B. Schokoladenstückchen, Erdnusskrokant oder gehackte Nüsse, und heben diese mit dem Spatel unter. Decken Sie die Oberfläche der Eiscreme mit Frischhaltefolie ab und stellen Sie sie 20–30 Minuten in den Gefrierschrank. Danach ist sie bereit zum Servieren!

Swirls
Träufeln Sie einen Löffel Konfitüre oder Sauce (z. B. salzige Karamellsauce, Mango-Maracuja-Sauce oder Schokosauce) auf den Boden eines Behälters und streichen Sie eine Lage Eiscreme darüber. Geben Sie ein paar weitere Esslöffel Konfitüre oder Sauce dazu und eine weitere Lage Eiscreme. Fahren Sie fort, bis die gesamte Eiscreme aufgebraucht ist. Die Sauce sollte keine ganze Schicht ergeben. Nehmen Sie ein Messer und ziehen Sie die Konfitüre oder Sauce in die Eiscreme. Decken Sie die Oberfläche der Eiscreme mit Frischhaltefolie ab und stellen Sie sie 2–3 Stunden in den Gefrierschrank.

SERVIEREN

Eiscreme oder Sorbet kann sofort serviert werden oder – wenn eine festere Konsistenz gewünscht ist – nach 15–20 Minuten im Gefrierschrank.

TIPPS | ZUM AUFBEWAHREN

- Frieren Sie den Aufbewahrungsbehälter vor, bevor Sie das Eis einfüllen.
- Frieren Sie Eiscreme oder das Sorbet in einem flachen Behälter anstatt in einem tiefen Behälter ein und decken Sie die Oberfläche mit Frischhaltefolie oder Backpapier ab.
- Stellen Sie das Eis so schnell wie möglich in Ihren Gefrierschrank.
- Verzehren Sie es am besten innerhalb eines Monats.
- Lassen Sie das Eis vor dem Servieren ein paar Minuten bei Zimmertemperatur stehen, damit es weicher wird und Sie es leichter servieren können.

Jetzt sind Sie ein echter Gelatero und kennen wie ein italienischer Eishersteller alle Tipps und Kniffe. Legen Sie los, Ihre Familie und Freunde freuen sich bestimmt über eine leckere Portion aus Ihrer Eisdiele.

VANILLEEIS MIT GESALZENEM KARAMELL

20 Min.

14 Std.

8 Portionen

Einfach

Pro Portion: 486 kcal

Zucker, Milch, Sahne, Butter, Eigelb

Eine Prise Salz macht Süßes oft erst so richtig spannend – und mit dieser salzigen Karamellsauce liefern wir gleich den Beweis. Sie wird teils unter das Vanilleeis „geswirlt“ und noch mal eingefroren, den anderen Teil servieren Sie zum Eis. Das sieht toll aus und schmeckt auch so!

BLAUBEER-EIS-SCHAUM

Träume sind Schäume? Dieser Traum von einem fettfreien, fruchtig-fluffigen blauen Eis-Schaum kann wahr werden. Statt mit Sahne werden die Tiefkühl-Blaubeeren mit Orangen-Puderzucker und Eiweiß aufgeschlagen, wodurch die Konsistenz eher einem Softeis ähnelt – das Ergebnis ist sensationell!

10 Min. 10 Min.

8 Portionen

Einfach

Pro Portion: 92 kcal

Blaubeeren, Zucker, Orangenschale

BANANEN-EIS

Ein besonderes Eis aus nur einer Zutat – so pur, vegan und nice! Schöner Nebeneffekt: Sie haben immer eine Verwendung für sehr reife, intensiv süße Bananen. Die können Sie für das Eis in Stücke schneiden und auf Vorrat einfrieren. 5 Bananen ergeben 4 Portionen cremige „Nicecream".

5 Min. 5 Min.

4 Portionen

Einfach

Pro Portion: 115 kcal

Bananen

ERDBEER-KOKOS-EISTORTE

Selbst ist der Konditor! Der Aufwand ist viel geringer, als die Torte erahnen lässt. Sie müssen noch nicht mal einen Boden backen, sondern nur die Sahne-Mischung im Mixtopf herstellen, eine Springform befüllen und die Torte einfrieren. Vor dem Servieren sollte sie 20 Minuten antauen.

15 Min. 4 Std. 45 Min.

16 Stücke

Mittel

Pro Stück: 320 kcal

Sahne, Mandeln, weiße Schokolade, Erdbeeren, Kokosnuss-Riegel

GIN-TONIC-SORBET

15 Min. 14 Std.

8 Portionen

Mittel

Pro Portion: 239 kcal

Zitrone, Limette, Tonic Water, Gin

Queen Mum würde dieses Sorbet lieben – darauf einen royalen Gin Tonic. Den Zuckersirup dafür herzustellen, ist dank Thermomix® leicht. Er gefriert mit Gin und Tonic vermischt über Nacht. Dann wird die gefrorene Masse mit Eiweiß cremig gerührt und wartet im Eisfach auf den großen Auftritt.

MANGO-JOGHURT-EIS

Eiskalt eingestielt: Für dieses Eis sind Mangofrüchte aus der Dose ideal. Sie werden mit Puderzucker im Mixtopf püriert und dann mit Joghurt vermischt. Die Eismischung muss nun über Nacht gefrieren – entweder in Würfeln zum späteren Cremigrühren oder in Förmchen für Eisgenuss am Stiel.

15 Min. 12 Std.

8 Portionen

Mittel

Pro Portion: 183 kcal

Mangos, Zucker, Joghurt

PROBIEREN SIE AUCH ...

FRUCHTEIS

5 Min. 5 Min. 4 Portionen

Das fruchtigste Eis aller Zeiten! Aus Tiefkühlbeeren, etwas Zucker und Sahne – in 5 Minuten fertig.

SCHOKOLADENEIS

20 Min. 12 Std. 8 Portionen

Ein gecrushter Eis-Traum über Nacht! Cremiges Eis aus eingefrorener Schokomischung und Sahne.

NUSSEIS

10 Min. 5 Std. 20 Min. 6 Portionen

Eiskalter Hasel-Genuss: Das fertig gefrorene Eis wird vor dem Portionieren noch mal cremig gerührt.

STRACCIATELLA-EIS

20 Min. 11 Std. 8 Portionen

Eine Kugel Stracciatella ... oder auch mehr! Sahniges Milcheis mit Schokoraspeln wie aus der Eisdiele.

AMARETTINI-PARFAIT

15 Min. 5 Std. 50 Min. 8 Portionen

Halbgefrorenes – herrlich sahnig! Wird vor dem Servieren gestürzt und mit Kirschen garniert.

MINI-CHEESECAKES MIT MANGOPÜREE

Und jetzt mal alle schön „Cheese" sagen! Diese mit Mangopüree veredelten Käseküchlein zaubern Ihren Gästen ein vorfreudiges Lächeln ins Gesicht. „Gebacken" werden sie im Varoma® – am besten in Varoma® Förmchen von Thermomix®. Sie lassen sich super für den nächsten Tag vorbereiten!

- 20 Min. – 3 Std.
- 6 Portionen
- Mittel
- Pro Portion: 333 kcal
- Frischkäse, Haferkekse, Mangos

ZIMT-QUARK-TÖPFCHEN AUF SAUERKIRSCHKOMPOTT

15 Min. 1 Std.

8 Portionen

Einfach

Pro Portion: 327 kcal

Schattenmorellen, Cantuccini, Sahne, Quark

Schicht für Schicht ein süßes Gedicht: Dieses Dessert ist doppelt gut, denn es sieht toll aus und hält außerdem alles, was es dem Auge verspricht. Und dabei ist es dank Thermomix® so leicht gemacht: Einfach Kompott kochen und während es abkühlt die Quarkcreme zubereiten, schichten, fertig!

APRIKOSEN-FRISCHKÄSE-KUCHEN

Ganz schön frisch hier! Kein Wunder, denn der Backofen bleibt kalt. Ob Keks-Mandel-Boden, Frischkäse-Joghurt-Füllung oder fruchtiger Tortenguss: Sie brauchen nur den Thermomix®. Übrigens können Sie damit sogar den Frischkäse selbst machen – das Rezept dafür finden Sie auch auf Cookidoo®.

30 Min. 4 Std.

12 Stücke

Mittel

Pro Stück: 396 kcal

Butterkekse, Frischkäse, Joghurt, Aprikosen

SCHOKOLADENKÜCHLEIN MIT FLÜSSIGEM KERN

Außen schokoladig – und innen erst! Diese Küchlein mit viel zerkleinerter dunkler Schokolade sind wahre Glücksbringer. Warm schmecken sie am besten, denn dann ist der Schokoladenkern noch weich. Sie sind pur ein Genuss, aber mit Vanilleeis und frischen Beeren wird daraus Glückseligkeit!

15 Min. | 40 Min.

6 Stück

Einfach

Pro Stück: 409 kcal

Butter, Zucker, dunkle Schokolade, Eier

CRÈME BRÛLÉE

Ein Gaumenkitzel wie im französischen Sterne-Restaurant: Nach wohltemperiertem Rühren im Mixtopf wird die Creme in 6 Schälchen gefüllt, nimmt ein ausgiebiges Dampfbad im Backofen und muss komplett abkühlen. Der Clou ist dann das Karamellisieren des Rohrzuckers beim Servieren.

10 Min. 2 Std. 30 Min.

6 Portionen

Mittel

Pro Portion: 373 kcal

Sahne, Milch, Zucker, Eigelb

PROBIEREN SIE AUCH ...

TIRAMISU

15 Min. 5 Std. 20 Min. 8 Portionen
Italienischer Schichtdessert-Klassiker aus Mascarponecreme, Löffelbiskuits, Kaffee und Kakao.

SCHOKOLADENMOUSSE

20 Min. 3 Std. 20 Min. 6 Portionen
Schokolade zum Dahinschmelzen ... purer Genuss, den Sie mit Orangenlikör krönen können.

VANILLEPUDDING

5 Min. 25 Min. 4 Portionen
Pudding zum Glück! So einfach und schnell selbst gekocht mit echter Vanille – und nichts brennt an.

ROTE GRÜTZE

5 Min. 30 Min. 4 Portionen
Aus frischen Beeren und Traubensaft oder Weißwein – und am allerliebsten mit Vanillepudding.

BAYERISCHE CREME

15 Min. 8 Std. 4 Portionen
Dank Thermomix® gelingt die Creme mit Leichtigkeit und lässt sich nach dem Erkalten gut stürzen.

Alle meine Teige

Bei der Teigherstellung kann der Thermomix® so richtig zeigen, was er draufhat – ganz besonders beim Hefeteig, beim Brandteig und beim Kneten von Mürbeteig. Aber auch alle anderen Teige gelingen dank seiner Unterstützung mit Leichtigkeit. Und so ist es ganz einfach, Ihre Familie und Freunde mit frisch gebackenen Torten und Kuchen zu beeindrucken.

KLEINE TEIGKUNDE

HEFETEIG

Süßer oder herzhafter Hefeteig ist die Basis für Pizza, Hefezopf, Brot und vieles mehr. Der Teig aus Mehl, Wasser, Hefe, Salz und ggf. Butter und Zucker wird im Thermomix® bei Modus „Teig kneten“ perfekt geknetet – dann braucht er nur noch etwas Ruhe an einem warmen Ort, um zu gelingen.

MÜRBETEIG

Mürbeteig ist, wie der Hefeteig, ein klassischer Basisteig, mit dem Sie verschiedenste Backideen umsetzen können. Er eignet sich zur Herstellung von Plätzchen, süßen und herzhaften Quiches und Tartes sowie zur Herstellung von Obstkuchen-Böden. Im Wesentlichen besteht Mürbeteig aus Mehl, Butter und Salz. Manchmal kommt auch etwas Wasser hinein, wodurch der Teig elastischer wird und sich damit z. B. eine Springform einfach auslegen lässt.

RÜHRTEIG

Einfach und schnell. Das A und O sind weiche Butter und Backpulver. Da das Backpulver sofort seine Wirkung entfaltet (es macht den Teig locker und lässt ihn aufgehen), sollten Sie den Kuchen direkt backen. Generell gilt: Je mehr Butter der Rührteig enthält, desto länger bleibt der Kuchen frisch. Am besten bewahren Sie Rührkuchen, luftdicht verpackt, an einem kühlen Ort auf.

QUARK-ÖL-TEIG

Sie suchen einen unkomplizierten Teig, der sich vielfältig verarbeiten lässt? Dann ist der Quark-Öl-Teig ideal geeignet. Ob in der Springform, vom Backblech oder in Tartelette-Förmchen; er lässt sich mit den verschiedensten Obstsorten kombinieren. Das Besondere: Statt Butter verwenden Sie Quark und Öl; Backpulver macht ihn locker.

PLUNDERTEIG

Plunderteig ist Hefeteig, in den Butter eingeschlagen wird. Wie auch beim Blätterteig sorgen die Butterschichten dafür, dass der Wasserdampf beim Backen nicht entweichen kann und der Teig luftig, blättrig aufgeht. Wenn Sie das fertige Plundergebäck nach

dem Abkühlen mit Zuckerguss bestreichen, bleibt es länger frisch.

BLÄTTERTEIG

Beim Blätterteig ist sozusagen „alles in Butter". Das reichhaltige, blättrige Gebäck enthält große Mengen Butter, die zwischen Lagen aus Teig gewalzt werden. Die Lagen werden übereinandergeschlagen und wieder ausgerollt. Dies wird mehrmals wiederholt. Das Ganze ist ein bisschen aufwendig, aber es gibt eine Variante: Für **schnellen Blätterteig** wird die Butter in kleinen Würfeln eingefroren und unter das Mehl gemischt. Der Teig wird dann ein paar Mal gefaltet wie beim traditionellen Blätterteig.

BRANDTEIG

Auch Brandteig lässt sich im Thermomix® einfach zubereiten. Dabei wird Butter mit Zucker kurz aufgekocht und anschließend das Mehl zugegeben. Nachdem der Teig abgekühlt ist, werden Eier untergerührt. Den fertigen Teig können Sie anschließend in beliebigen Formen wie Windbeuteln oder Eclairs auf ein Backblech spritzen. Beim Backen geht der Teig auf; er wird innen hohl.

STRUDELTEIG

Ob süß oder herzhaft gefüllt – selbst gebackener Strudel ist ein Genuss. Die Zutaten dafür sind Mehl, Ei, Öl, Wasser, Essig, Zucker, Butter und eine Prise Salz. Zusammen ergeben sie einen elastischen Teig, der hauchdünn ausgerollt und gezogen werden kann.

Faustregeln fürs Backen:

- In unseren Rezepten werden ausschließlich M-Eier verwendet. Sie haben ein Gewicht zwischen 53–63 g.
- Wenn nicht anders angegeben, wird in allen unseren Rezepten auf Ober- und Unterhitze gebacken. Soll mit Umluft gebacken werden, steht dies im Rezept.
- Stäbchenprobe für den Rührteig: Dafür wird ein Holzspieß (Schaschlikspieß oder Zahnstocher) in das Gebäck gestochen. Klebt noch weicher Teig daran, müssen Sie das Gebäck noch einige Minuten backen. Kleine Krümel am Holzspieß verraten Ihnen, dass das Gebäck fertig ist.

MÜRBETEIG – SO FUNKTIONIERT'S!

DER TEIG

Rühren Sie den Teig, bis die Zutaten anfangen, sich zusammenzufinden – nicht länger, sonst wird er zu fest und ist schwer zu verarbeiten. Dann formen Sie ihn von Hand zu einer Kugel. In Frischhaltefolie wickeln und mindestens 20 Minuten kühl stellen. Nach der Ruhepause ist der Teig schön geschmeidig und lässt sich besser ausrollen.

TIPPS | FÜR HERZHAFTE KUCHEN

- **Tomatengebäck:** Geben Sie mit den Zutaten etwas Tomatenmark zum Teig.
- **Knoblauch- und Koriandergebäck:** Geben Sie 3 Knoblauchzehen und 10 g Korianderblätter in den Mixtopf und zerkleinern Sie diese **3 Sek./Stufe 8**. Fügen Sie die Zutaten für das Mürbeteigrezept hinzu und fahren Sie mit dem 1. Schritt des Rezepts fort.
- **Basilikum- und Zitronengebäck:** Geben Sie die Schale einer halben Zitrone und 15 Basilikumblätter sowie 100 g des angegebenen Mehls in den Mixtopf und zerkleinern Sie diese **3 Sek./Stufe 8**. Geben Sie die restlichen Zutaten für das Mürbeteigrezept hinzu und fahren Sie mit dem 1. Schritt fort. Dieser Teig ist eine hervorragende Basis für eine Tomaten-Mozzarella-Tarte.

TIPP | GLUTENFREIER TEIG

- Der süße Mürbeteig aus Reis und Kichererbsen aus der Kollektion „Glutenfrei genießen" auf Cookidoo® ist unsere süße und leckere Variante für alle, die auf Gluten verzichten.

AUSROLLEN

Wickeln Sie den Teig aus der Folie (falls ein Rest Teig übrig bleibt, können Sie die Frischhaltefolie noch einmal verwenden). Nachdem Sie etwas Mehl auf die Unterlage und das Nudelholz gestreut haben, rollen Sie den Teig mit leichtem, gleichmäßigem Druck auf die Enden oder Griffe des Nudelholzes aus. Drehen Sie dazu die Teigplatte immer wieder, damit sie überall gleich dick ist. Es kann vorkommen, dass der Teig auf der Unterlage zu kleben beginnt. Dann bemehlen Sie Platte und Nudelholz einfach noch mal. Wenn die Teigplatte groß genug ist, um damit die Form auszukleiden, rollen Sie den Teig locker über das Nudelholz, um ihn über dem Blech oder der Form wieder abzurollen.

TIPPS | ZUM AUSROLLEN

- Sie können den Teig auch in Streifen schneiden, mit denen Sie dann das Blech auskleiden. Drücken Sie dazu die Streifen mit Ihren Fingern in Form.
- Für reichhaltiges Gebäck, z. B. mit Käse, rollen Sie den Teig zwischen zwei Backpapierblättern aus, damit er nicht so klebt. Wenn sich der Teig zu sehr aufwärmt, lassen Sie ihn im Papier und legen ihn erneut für 10 Minuten in den Kühl- oder Gefrierschrank.

PLÄTZCHEN AUSSTECHEN

Um beim Plätzchenausstechen saubere Kanten zu erhalten, muss der ausgerollte Teig möglichst kalt sein – zügiges Arbeiten ist also angesagt. Versuchen Sie, Reste zu vermeiden, indem Sie den Teig mit bemehlten Ausstechformen so ausstechen, dass möglichst wenig übrig bleibt. Erneutes Zusammenkneten, Bemehlen und Ausrollen bekommt dem Teig nämlich nicht sofort; er wird trocken und brüchig. Die ausgestochenen Plätzchen lassen sich mit einem Palettenmesser gut auf das Backblech legen. Wenn es bis zum Backen noch etwas dauert, einfach in der Zwischenzeit kühl stellen.

MÜRBETEIG FORMEN

Hier ist Ihre Fingerfertigkeit gefragt: Drücken Sie den Teig mit den Fingern in ein Kuchenblech. Es ist praktisch, ein wenig Teig übrig zu lassen, um damit Löcher aufzufüllen. Überstehenden Teig schneiden Sie mit einem Messer ab. Dann drücken Sie den Teig am oberen Rand entlang mit Daumen und Zeigefinger, um einen schön gleichmäßigen Abschluss zu bekommen.

LETZTE SCHRITTE

Glasieren Sie das Gebäck mit einem verquirlten Ei, Milch oder Sahne und stellen Sie es 15 Minuten lang in den Kühlschrank, solange der Ofen vorheizt. Für besonders schönen Glanz bestreichen Sie das Gebäck noch einmal unmittelbar vor dem Backen.

BLINDBACKEN

Zum Blindbacken stechen Sie den Boden an mehreren Stellen mit einer Gabel ein, wenn dieser bereits in der Kuchenform liegt. Bedecken Sie dann den Teig mit Backpapier und verteilen Sie Hülsenfrüchte wie getrocknete Erbsen, Bohnen oder Linsen gleichmäßig darauf – auch die Kanten müssen bedeckt sein. Wenn das Gebäck knusprig werden soll, backen Sie es bei einer hohen Temperatur (wir empfehlen 200 °C). Hitze entwickelt und verteilt sich jedoch von Ofen zu Ofen unterschiedlich, weshalb hier Anpassungen notwendig sein können. Die Rückwand und die Oberseite des Ofens sind üblicherweise die heißesten Teile. Wir empfehlen aus diesem Grund, während des Backens den Bräunungsgrad Ihres Gebäcks im Auge zu behalten.

Das Rezept „Mürbeteig" finden Sie auf Cookidoo®.

ABKÜHLEN

Damit das Gebäck knusprig bleibt, sollte es schnell abkühlen, möglichst auf einem Kuchengitter. Alternativ kann auch das Gitter des Backofens verwendet werden.

TIPP | Stechen Sie vor dem Backen Teigformen aus, um sie als Dekoration auf die Füllung zu legen. Dies sieht besonders auf kleinen Kuchen und Tartes sehr hübsch aus – und das Auge isst ja gern mit!

FLAMMKUCHEN

25 Min. 1 Std. 15 Min.

4 Portionen

Einfach

Pro Portion: 494 kcal

Schinkenwürfel, Crème fraîche, Zwiebeln

Warum noch selber mühsam Teig kneten und unter Tränen Zwiebeln schneiden, wenn Sie beides einem Profi überlassen können? So sind Flammkuchenteig und Belag mit wenigen Handgriffen bereit zum Backen – auch in allen möglichen Varianten wie mit Räucherlachs oder Ziegenfrischkäse!

PIZZASCHNECKEN

Schnecken zum Snacken: Party, Picknick, Pause … egal, was ansteht, die Pizzaschnecken passen immer. Aber machen Sie reichlich davon, denn auch ofenfrisch sind sie sehr verlockend. Das Besondere an diesem Hefeteig ist der Anteil an frisch gemahlenen, vollwertigen Dinkelkörnern.

30 Min. 1 Std. 20 Min.

10 Stück

Mittel

Pro Stück: 483 kcal

Salami, gekochter Schinken, Zwiebeln, Tomatenmark

MARZIPAN-FRANZBRÖTCHEN MIT KÜRBISKERNEN

40 Min. 2 Std. 20 Min.

18 Stück

Mittel

Pro Stück: 263 kcal

Hefe, Marzipan-Rohmasse, Kürbiskerne

Schlemmen wie Gott in Hamburg mit himmlisch duftenden Franzbrötchen: Dieses Plundergebäck ist das Croissant der Hansestadt. Die Zubereitung ist etwas knifflig, aber dank Thermomix® halb so wild. Marzipan und Kürbiskerne geben den Franzbrötchen dezente Süße und knackigen Biss!

SYLTER STURMBEUTEL MIT ERDBEERSAHNE

An einem Brandteig möchten Sie sich lieber nicht die Finger verbrennen? Dann lassen Sie da doch einen echten Profi ran – den Thermomix®. Mit ihm gelingt dieser anspruchsvolle Teig garantiert völlig mühelos, und Sie können im wahrsten Sinne des Wortes die Ruhe vor dem Sturmbeutel genießen.

20 Min. 1 Std.

8 Stück

Mittel

Pro Stück: 474 kcal

Mehl, Butter, Erdbeeren, Sahne

NUSS-STRIEZEL

Darf's statt des klassischen Hefezopfs mal ein Nuss-Striezel sein? Die Haselnüsse für die Füllung werden frisch gemahlen. Das erledigt der Thermomix® ebenso wie das Teigkneten. Dann den Teig in Form bringen, backen und auf ofenfrischen Striezel-(Ge)nuss freuen!

25 Min. 1 Std. 30 Min.

15 Scheiben

Mittel

Pro Scheibe: 256 kcal

Hefe, Haselnüsse, Marzipan-Rohmasse

PROBIEREN SIE AUCH ...

BRANDTEIG

20 Min. 2 Std. 18 Stück

Brandteig quick & easy: Wetten, dass Ihnen Windbeutel noch nie so einfach gelungen sind?

PIZZATEIG

5 Min. 1 Std. 670 g

Ihre neue Lieblingspizza: Wir haben das perfekte Pizzateig-Rezept für den italienischen Klassiker.

NUDELTEIG

40 Min. 1 Std. 330 g

Es lebe die frische Nudel: Ein simpler Nudelteig als Basis vieler Varianten – probieren Sie's aus!

QUARK-ÖL-GRUNDTEIG

5 Min. 5 Min. 950 g

Immer locker bleiben beim Backen? Kein Problem mit dem Quark-Öl-Teig für Kuchen und Gebäck.

BLÄTTERTEIG, SCHNELL

30 Min. 2 Std. 490 g

Origami fürs Backblech: Dieser Blätterteig ist schnell gemacht, nur das Falten braucht etwas Zeit.

BASIS-HEFETEIG FÜR SÜSSES GEBÄCK

25 Min. 2 Std. 950 g

So ein Süßer! Seien Sie nett zu ihm und gönnen Sie ihm etwas Ruhe an einem warmen Ort.

THERMOMIX® KOCHSCHULE ★ THERMOMIX® KOCHSCHULE ★

Kaffeeklatsch

Ob Sie täglich backen oder nur für besondere Anlässe – auf Thermomix® ist dabei immer Verlass. Er hilft Ihnen, Kuchen und Gebäck in allen Varianten perfekt vorzubereiten. Dazu geben wir Ihnen viele Tipps und bringen Sie auf neue Ideen für Ihr Lieblingsgebäck. Kekse, Kuchen, Torten ... lassen Sie sich inspirieren! Noch mehr Rezepte finden Sie auf Cookidoo®, in unserem Buch „Das Backbuch" und im THERMOMIX® Magazin.

SO FUNKTIONIERT'S!

KEKSE

Teig für Kekse kann im Thermomix® blitzschnell hergestellt werden – oft sind es nur wenige Rezeptschritte bis zum fertigen Naschwerk! Und in einem luftdichten Behälter halten sie sich eine lange Zeit.

TIPPS

- Kühlen oder frieren Sie den Keksteig als lange Rolle in Frischhaltefolie gewickelt ein. Immer wenn Sie Kekse backen möchten, schneiden Sie einfach ein paar Scheiben ab.
- Wenn Sie Ausstecher verwenden wollen, rollen Sie den Teig zwischen Backpapierbögen aus, stellen ihn eine Stunde kalt und nehmen dann das Backpapier ab. Bei einem gekühlten Teig bleiben die Kanten der Plätzchen ausgeprägter.

BROWNIES

Diese reichhaltige Leckerei ist schnell gebacken und reicht für viele Naschkatzen.

TIPPS

- Legen Sie eine quadratische Backform mit Backpapier aus. Lassen Sie es etwas überstehen, damit der Kuchen leichter herausgenommen werden kann.
- Geben Sie Nüsse, Schokoladenstücke oder Karamellsauce in den Teig.
- Als schnelles Dessert können Sie Brownies mit Vanilleeis und/oder Sahne servieren.

KÄSEKUCHEN

Käsekuchen ist immer ein Highlight auf jeder Kaffeetafel. Hier kommen unsere besten Tipps!

- ABDECKEN. Mögen Sie lieber hellen Käsekuchen? Dann decken Sie den Käsekuchen frühzeitig mit Backpapier ab. Ein Stück Backpapier, locker auf den Springformrand legen und darauf achten, dass das Papier nicht die oberen Heizstäbe des Backofens berührt.
- RUHEN. Nach dem Backen den Kuchen im ausgeschalteten Backofen mindestens 10 Minuten ruhen lassen und die Backofentür nicht öffnen, damit der Kuchen nicht zusammenfällt.
- ABKÜHLEN. Erst durch das Kaltstellen im Kühlschrank für mehrere Stunden wird der Kuchen auch in der Mitte fest. Das Ergebnis: ein wunderbar cremiger Käsekuchen!
- EINFRIEREN. Käsekuchen lässt sich auch gut einfrieren. Am besten einzelne Stücke einfrieren und portionsweise wieder auftauen.
- FAMILIENSACHE. Käsekuchen und Cheesecake unterscheiden sich übrigens nicht nur in den Zutaten: Käsekuchen wird hauptsächlich mit Quark hergestellt, während bei der amerikanischen Variante Frischkäse zum Einsatz kommt. Auch beim Boden gibt es Unterschiede: Während sich in Deutschland die Quarkmischung auf einen klassischen Mürbeteigboden bettet, wird in Amerika oft eine Keks-Butter-Mischung verwendet.

BAISER

Im Thermomix® können Sie auch Baiser herstellen. Der Mixtopf muss dazu ganz sauber und fettfrei sein. Spülen Sie ihn am besten mit Essig aus, um jegliche Fettreste zu entfernen. Dann noch einmal mit Wasser spülen und gut abtrocknen. Vergewissern Sie sich, dass kein Eigelb im Eiweiß ist.

TIPPS

- Trennen Sie zunächst das Eigelb vom Eiweiß, und zwar für jedes Ei einzeln. Prüfen Sie in einer Schale, ob wirklich kein Eigelb im Eiweiß ist, bevor Sie es zu den anderen Eiweißen geben.
- Zeichnen Sie die gewünschten Baiserformen auf das Backpapier und spritzen oder löffeln Sie dann die Baisermischung auf die Rückseite.
- Knusprige Baisers müssen bei niedriger Temperatur (100–120°C) mehrere Stunden trocknen. Baisers mit einem weichen Kern (z. B. für eine Pavlova) können bei etwas höherer Temperatur kürzer gebacken werden. Rezepte für Eischnee und Baisermischung finden Sie übrigens auch auf Ihrem Thermomix® oder auf Cookidoo®.

MUFFIN ODER CUPCAKE

- Muffins sind bei Groß und Klein beliebt. Der Rührteig in kleinen Papierförmchen oder vom Muffinblech kann in unzähligen Varianten gebacken werden. Von klassischen Vanille- oder Schokomuffins über fruchtige Varianten mit Blaubeeren, Aprikosen oder Pfirsichen bis hin zum amerikanischen Knaller, dem Triple-Chocolate-Muffin, eignen sie sich als Mitbringsel für jede Party und sind das große Highlight beim Kindergeburtstag.
- Die Kleinen können natürlich auch herzhaft naschen: Probieren Sie die Pizza-Muffins oder unsere Varianten mit Tomate-Avocado oder Käse-Salami.
- Aus einem Muffin wird ein Cupcake mit der richtigen Buttercreme oder dem richtigen Frischkäse-Topping. Auch hier sind die Varianten zahlreich: Schoko, Vanille oder Erdbeer sehen hübsch aus und schmecken super. Zahlreiche Rezepte finden Sie auf Cookidoo®.

Kuchen und Torten

Ein lockerer, leichter Biskuitteig ist manchmal alles, was man sich für eine gefüllte Geburtstagstorte, zum Kaffee, Tee oder als Dessert wünscht. Mit Thermomix® gelingt dieser Teig wunderbar einfach. Und nicht nur das: Die richtigen Ideen für Füllungen und Toppings liefern wir gleich dazu, damit das Tortenglück perfekt ist.

ZUBEHÖR

- Waage, Rührschüsseln und Schneebesen werden nicht benötigt; bei Thermomix® ist alles dabei.
- Wichtig ist ein Kuchenblech in der im Rezept angegebenen Größe – idealerweise eine Springform zum einfacheren Herausnehmen des fertigen Kuchens.
- Bereiten Sie die Form so vor, dass der Teig nicht ankleben kann. Das praktische Auslegen mit Backpapier ist besonders dann empfehlenswert, wenn sich eine schwächere Kruste bilden soll. Sie können die Form auch einfetten und mit Mehl bestäuben, dann wird die Kruste kräftiger.
- Ein Kuchengitter ist nützlich, um den Kuchen zu stürzen.
- Zum Füllen und Bestreichen mehrlagiger Torten leistet eine Tortenpalette gute Dienste.
- Wenn Sie etwas auf Ihre Torte schreiben oder Dekorationen anbringen möchten, ist ein Spritzbeutel ein nützlicher Helfer. Kleinere Spritzbeutel sind einfacher zu handhaben und eignen sich sehr gut für feine Details.

TIPP | Wenn gerade kein Spritzbeutel zur Hand ist, können Sie stattdessen einen Gefrierbeutel nehmen, bei dem Sie eine Ecke abschneiden. Schneiden Sie zunächst nur wenig ab und vergrößern Sie die Öffnung, falls notwendig.

ZUTATEN

- Zum Färben Ihrer Glasur bieten sich natürliche Farben wie z. B. Rote-Bete-Saft an. Als Alternative können Sie auch Lebensmittelfarben verwenden. Beides ist geeignet, um Farbe ins Spiel zu bringen, ohne die Glasur zu beeinträchtigen.
- Beim Backen bestimmt das präzise Zusammenspiel der Zutaten das Backergebnis. Wenn Sie Zutaten ersetzen oder die Menge verringern, wirkt sich das auf den fertigen Kuchen aus. Wenn Sie beispielsweise den Zucker reduzieren, merken Sie dies nicht nur später am Geschmack, sondern auch an der Struktur des Kuchens.

KUCHEN BACKEN

- Sie finden in unseren Rezepten immer den Hinweis an der passenden Stelle, ab wann Sie mit dem Vorheizen beginnen können. Die benötigte Zeit des Aufheizens kann je nach Backofen leicht variieren.
- Halten Sie sich an das Rezept bezüglich der Backzeiten. Die angegebenen Temperaturen beziehen sich auf konventionelle Backöfen. Wenn Sie einen Umluftofen haben, müssen Sie diese entsprechend anpassen.
- Backöfen unterscheiden sich in Temperatur und ihrer Hitzeverteilung. Deshalb kann ein Backofenthermometer zur Überprüfung sinnvoll sein.
- Manchmal sind Änderungen bei den Einschüben nötig, damit der Kuchen in der Ofenmitte backt, wo die Temperatur am gleichmäßigsten ist und die Luft zirkulieren kann. Wenn die Temperatur zu hoch ist, dann bildet sich die Kruste, bevor der Kuchen aufgeht.
- Wenn Sie mehr als eine Form backen, z. B. für eine geschichtete Torte, stellen Sie die Formen nebeneinander auf den Einschub. Passen sie nicht nebeneinander, können Sie die Formen auf unterschiedliche Einschubgitter stellen – so versetzt, dass nicht ein Kuchen direkt über dem anderen steht und die Luft noch zirkulieren kann.
- Bei Kuchenformen aus Keramik, Glas oder Silikon ist die Backzeit üblicherweise etwas länger als bei Metallformen.
- Stäbchenprobe: Zum Prüfen, ob der Kuchen fertig gebacken ist, stechen Sie gegen Ende der regulären Backzeit mit einem Holzspieß oder Zahnstocher in die Mitte des Kuchens. Wenn er sich mit kleinen Krümeln daran herausziehen lässt, dann ist der Kuchen fertig.
- Stürzen Sie den fertigen Kuchen auf ein Kuchengitter, damit er nicht weiter backt. Damit das Kuchengitter keine Markierungen in der Kruste hinterlässt, stürzen Sie ihn nach dem Abkühlen zunächst auf ein Brett und dann mit der Unterseite auf das Gitter.
- Lassen Sie den Kuchen vollständig abkühlen, bevor Sie ihn zum Dekorieren oder Füllen aufschneiden.
- Um einen Kuchen zum Füllen in zwei oder mehr Lagen zu teilen, setzen Sie ihn auf ein Brett, nehmen ein großes Schneidemesser (z. B. Brotmesser) oder einen Tortenschneider. Setzen Sie das Messer waagerecht dort an, wo sie den Kuchen durchschneiden wollen und schneiden Sie vorsichtig gerade durch den Kuchen. Um die nächste Lage zu schneiden, entfernen Sie die fertige Lage vom Brett und machen wie beschrieben weiter.

DEKO IST ALLES

Buttercreme und Ganache sind tolle Füllungen und Toppings. Einfache Kuchen werden mit einer Schicht Buttercreme oder Ganache zur besonderen Köstlichkeit. Bevor Sie den Kuchen füllen, setzen Sie die untere Hälfte auf eine Tortenplatte und befestigen diese, indem Sie etwas der Füllung als „Kleber" nutzen. Damit der gebackene Boden nicht verletzt wird, verteilen Sie die Konfitüre oder Füllung löffelweise auf dem Kuchen und verwenden dann ein Tafelmesser oder eine kleine Palette zum gleichmäßigen Verstreichen.

Als Überzug eignen sich Zucker- oder Schokoladenglasur als einfache Varianten.
Rezepte für Guss, Glasur, Ganache und Topping finden Sie auf Cookidoo®.

FÜLLUNGEN UND TOPPINGS

- Beliebte Füllungen sind Konfitüren, Lemon Curd oder aufgeschlagene Ganache, die alle sehr schnell und einfach im Thermomix® herzustellen sind.
- Frisches Obst und Sahne obenauf ergeben einen ganz besonderen Kuchen. Beeren sind ideal, weil sie sich leicht schneiden lassen. Verteilen Sie die Sahne mit dem Löffel oder einem Spritzbeutel gleichmäßig auf der Unterseite und achten Sie darauf, dass der Kuchenrand frei bleibt.
- Bananen- oder Schokoladencreme sind attraktive Begleiter für einen Schokoladenkuchen.
- Eine Buttercremetorte muss nach dem Füllen gekühlt werden. Bevor Sie Ihren Kuchen füllen und überziehen, vergewissern Sie sich, dass Sie genügend Platz im Kühlschrank zum Einstellen haben.

TIPP | Buttercreme ist eine Mischung aus Butter und Puderzucker, die Sie nach Belieben abschmecken können.

VERZIEREN MIT DEM SPRITZBEUTEL

- Zum Füllen eines Spritzbeutels setzen Sie den Beutel in ein breites Glas oder einen Krug und falten die Enden des Beutels über die Kante des Glases oder Krugs, damit er offen bleibt.
- Löffeln Sie die Creme oder den Überzug in den Beutel und drücken Sie den Inhalt in Richtung der Spitze. Füllen Sie nicht zu viel hinein, damit der Beutel einfach zu handhaben ist und die Füllung nicht oben hinausquillt. Drehen Sie den Beutel zu.
- Zum Verzieren drücken Sie den Beutel von oben und führen mit der anderen Hand die Tülle. Achten Sie darauf, dass Sie in der Nähe der Tülle keinen Druck ausüben. Sie können das Verzieren auf einem Teller üben und danach die Creme zurück in den Spritzbeutel füllen.
- Wenn Sie den Kuchen mit Buchstaben verzieren möchten, bereiten Sie viel Creme zu und üben Sie am besten mehrmals, bevor Sie den Kuchen final verzieren.
- Kleine Fehler können in der Regel mit einem Zahnstocher oder einem kleinen, sauberen Pinsel korrigiert werden.

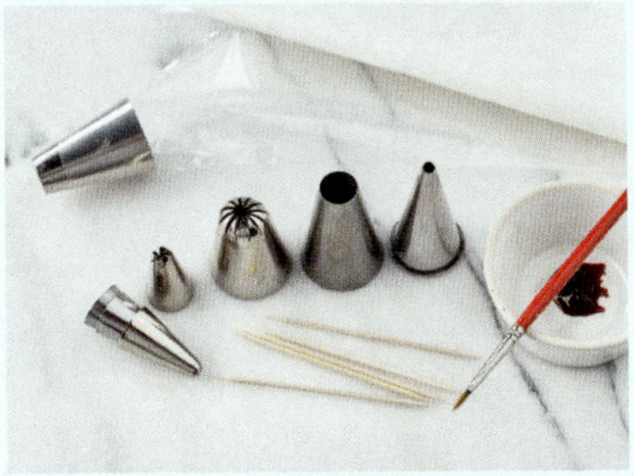

- Einen schönen Effekt kann man erzielen, wenn man mit Lebensmittelfarbe innen einen Strich entlang dem Spritzbeutel zieht, bevor dieser mit Zuckerglasur oder Buttercreme befüllt wird.
- Probieren Sie die verschiedenen Tüllen Ihres Spritzbeutels aus – die Ergebnisse sind unterschiedlich, **aber immer schön anzuschauen.**

TIPP | Machen Sie Ihren Kuchen zum Dessert – mit bauschiger, weicher Schlagsahne. Schlagen Sie die Sahne in Ihrem Thermomix® auf: Nehmen Sie dazu kalte Sahne mit mindestens 30 % Fett. Im Thermomix® wird da ganz schnell schöne, wolkige Sahne draus.

BISKUIT

15 Min.

1 Std. 50 Min.

8 Stücke

Einfach

Pro Stück: 168 kcal

Eier, Zucker, Mehl

Dieses einfache Grundrezept ist sehr vielseitig und der spätere Kuchen kann durchgeschnitten und gefüllt werden. Sie können einen Kuchen für jeden Tag daraus machen oder eine besondere Torte für ein schönes Fest. Der Teig für den Biskuitkuchen enthält wenig Fett und wird bei 37°C aufgeschlagen, sodass sich eine leichte und luftige Struktur ergibt. Sie können diesen Kuchen auch auf einem Blech backen – für eine Biskuitrolle oder geschichteten Cremekuchen.

ZITRONENKUCHEN AUS DEM VAROMA®

Lassen Sie Ihren nächsten Kuchen doch mal ein köstliches Dampfbad nehmen! Mit dem Varoma® als Backofen gelingt nicht nur dieser Zitronenkuchen super – besonders locker und zart. Die Hitze ist so sanft, dass Sie sogar gleichzeitig Schokolade für die Glasur in einem Gefrierbeutel schmelzen können.

- 30 Min. – 2 Std. 20 Min.
- 12 Stücke
- Einfach
- Pro Stück: 289 kcal
- Butter, Zitrone, Milch, Zartbitter-Schokolade

APFEL-STREUSEL-KUCHEN VOM BLECH

Ihr neues Erfolgsrezept für ein ganzes Kuchenblech: Saftiger Rührteig als Basis, reichlich Apfelstücke als Belag und zimtige Mandel-Streusel on top! Besonders lecker mit Apfelsorten wie Jonagold, Elstar und Cox Orange, die Sie nur schälen und vierteln müssen – zerkleinert werden sie dann im Thermomix®.

- 30 Min. 4 Std. 15 Min.
- 20 Stücke
- Mittel
- Pro Stück: 408 kcal
- Butter, Eier, Mehl, Milch, Äpfel, Zucker

SCHAUMKUSSTORTE

Küsschen, Küsschen! Über diese Torte mit 12 süßen Küssen freuen sich alle riesig. Nur Rührteig backen, Schaumkuss-Creme mischen, auf dem Boden verteilen, noch hübsch mit Waffeln dekorieren, kalt stellen – und schon fertig. So haben Sie ganz viel Zeit für das Geburtstagskind und seine Gäste!

- 25 Min. · 3 Std. 45 Min.
- 12 Stücke
- Mittel
- Pro Stück: 452 kcal
- Butter, Mehl, Sahne, Schokoladen-Schaumküsse

JOHANNISBEER-BAISER-KUCHEN

Gegensätze ziehen sich an – und wie! Wenn Sie diesen Kuchen backen, haben Sie gleich ein Dutzend Beweisstücke. Die Kombination aus feinem Rührteigboden, säuerlichen Johannisbeeren mit Guss und süßem, herrlich zartem Baiser braucht ein bisschen Zeit, schmeckt dafür aber auch paradiesisch.

35 Min. 1 Std. 50 Min.

12 Stücke

Mittel

Pro Stück: 317 kcal

rote Johannisbeeren, Butter, Sahne

BASIC-KÄSEKUCHEN

Mürber Boden, saftiger Belag – der perfekte Käsekuchen! Damit das Quark-Sahne-Gemisch fest wird und dennoch locker bleibt, geben Sie einfach 2 Päckchen Vanillepuddingpulver hinzu.

- 30 Min. · 10 Std.
- 16 Stücke
- Mittel
- Pro Stück: 417 kcal
- Butter, Zucker, Vanillepuddingpulver, Sahne, Quark

PROBIEREN SIE AUCH ...

DONAUWELLEN

30 Min. 2 Std. 30 Min. 24 Stücke
Kaffeeklatsch mit Donauwellen – mit Puddingcreme, Kirschen und allem Drum – und Rum!

RUSSISCHER ZUPFKUCHEN

20 Min. 1 Std. 30 Min. 16 Stücke
Wenn Schoko-Knetteig mit saftiger Käsekuchen-Füllung und gezupften Streuseln flirtet …

MARMORKUCHEN

20 Min. 2 Std. 10 Min. 16 Stücke
Ein Klassiker, der immer schmeckt! Heller Rührkuchen mit dunkler Schoko-Marmorierung.

SCHOKOLADENMUFFINS

15 Min. 45 Min. 12 Stück
Partytaugliche Schokoküchlein in der Papierform oder im Muffinblech gebacken – immer ein Hit!

KIRSCHTORTE SCHWARZWÄLDER ART

20 Min. 1 Std. 30 Min. 16 Stücke
Stück für Stück Tortenglück: Luftiger Biskuit-Boden mit Sahne, Sauerkirschen und Schokoraspeln.

Für besondere *Anlässe*

So planen Sie Ihre Party

Nur keine Hektik! Wenn Sie alles für Ihre Party im Vorfeld organisieren und detailliert planen, dann vermeiden Sie Stress in letzter Minute und der Abend wird mit Sicherheit ein voller Erfolg. Der beste Küchenhelfer bei den vielen Anlässen über das ganze Jahr ist Thermomix® – und mit unseren Tipps kommt schon bei den Vorbereitungen für Ihre nächste Feier zu Hause Partystimmung auf.

DIE PERFEKTEN PARTY-SCHRITTE

1

IHRE GÄSTELISTE

Bitten Sie Ihre Gäste, bei der Rückmeldung besondere Ernährungswünsche mitzuteilen. So können Sie das Menü sicher planen.

TIPP | Senden Sie die Einladungen für größere Feiern einen Monat im Voraus ab und setzen Sie ein Datum für die Rückmeldung. Dann haben Sie genug Zeit, alles vorzubereiten.

2

WELCHE ART VON PARTY WIRD ES SEIN?

Ob Sie ein formales Essen an der Tafel oder ein zwangloses Buffet organisieren, hängt von der Anzahl der Gäste und der Art der Feier ab.

PARTYREZEPTE

- Lockere Stehparty: Hier kommen Sie mit dem richtigen Fingerfood ganz ohne Geschirr aus. Selbst gebackenes Baguette und verschiedene Dips, verschiedene Fleisch- oder Gemüsespieße oder Salate im Glas sind hier die richtige Wahl.
- Zwanglose Party: Trumpfen Sie mit sättigenden Salaten wie Kartoffelsalat oder Bulgur/Couscoussalat, einer Käse-Porree-Suppe oder Chili con Carne auf. Wenn die Party im Sommer stattfindet, ist Grillen auch eine Option.
- Schicke Dinnerparty: Wenn Sie Ihre Gäste richtig beeindrucken möchten, sind Sie mit diesen Rezepten zum Sektempfang gut gerüstet: Oliven im Knuspermantel, Blätterteig-Pasteten oder Roastbeef in Salz-Thymian-Senf-Kruste

TIPPS

- Sich zum Essen hinsetzen zu können, ist für alle bequemer. Falls möglich, planen Sie also Sitzplätze ein.
- Wenn Sie ein Buffet anrichten, überlegen Sie, wo dieses inklusive Geschirr stehen soll.

3
WÄHLEN SIE DAS MENÜ

Sind Sie bereit für die Planung des Menüs? Dann schlägt jetzt die Stunde von Cookidoo®, wo Sie die passenden Rezepte finden. Sie haben diverse Möglichkeiten, gezielt zu suchen: nach Partyrezepten, Saison, Art der Feier oder nach Portionsanzahl.

TIPPS

- Erstellen Sie Ihre Party-Rezeptliste auf Cookidoo® mit allen Rezepten für Ihre Feier, indem Sie sie mit „Meine Woche" planen und die passende Einkaufsliste erstellen.
- Planen Sie nicht zu viele zeitaufwendige Rezepte ein. Entscheiden Sie sich für ein oder zwei eindrucksvolle Gerichte, die restlichen können mit einfachen Zutaten schnell zubereitet werden.
- Wenn Sie verschiedene Gerichte kochen, benötigen Sie nicht für jede Person eine volle Portion. Halten Sie sich an: 150–200 g Fleisch oder Fisch, 60–80 g Gemüse, 80–100 g Kartoffeln oder Reis, 1–2 Brötchen oder Brotscheiben, 1 Stück Kuchen, 1 Portion Nachtisch pro Person.

4
CHECKLISTE ERSTELLEN

Nutzen Sie unsere Beispiel-Checkliste, um Ihre eigene Liste zu erstellen.

Checkliste

Zwei Wochen vorher

- ○ **Prüfen Sie Ihr Koch- und Tischgeschirr:** Vergewissern Sie sich, dass Sie genügend Gläser, Teller und Besteck haben.
- ○ **Listen Sie die Rezepte auf, die vorgekocht und eingefroren werden können.**
- ○ **Erstellen Sie zwei Einkaufslisten:** Eine mit den Zutaten für die Rezepte, die Sie vorab zubereiten und einfrieren können und eine weitere mit den frischen Zutaten für den Vortag.
- ○ **Kochen und frieren** Sie alle Gerichte oder Teile von Gerichten ein, die eingefroren werden können.
- ○ **Beginnen Sie, Eiswürfel in Ihrem Gefrierschrank herzustellen.**
- ○ **Erstellen Sie Ihre musikalische Party-Playlist:** Gute Musik sorgt für die richtige Stimmung und ist der Schlüssel zum Party-Erfolg.

TIPPS

- **Halten Sie es zwanglos:** Verschiedene Gläser und Teller verleihen Ihrer Party eine lockere Atmosphäre.
- **Denken Sie an** Servietten, nützliche Kleinigkeiten und dekorative Gegenstände wie Kerzen und Blumen.

Zwei Tage vorher

- ○ **Richten Sie den Raum her:** Stellen Sie Möbel um, falls erforderlich.
- ○ **Bereiten Sie die Gerichte zu,** die zwei Tage gekühlt aufbewahrt werden können (z. B. Marinaden, Saucen, kalte Desserts) oder die in einem luftdichten Behälter bei Zimmertemperatur aufbewahrt werden können (z. B. Kekse).

Einen Tag vorher

- ○ **Richten Sie den Tisch oder andere Bereiche her:** Legen Sie alle Tischtücher, Teller und Besteck bereit. Dekorieren Sie das Zimmer.
- ○ **Auftauen:** Legen Sie alle Gerichte, die Sie zuvor eingefroren haben, zum Auftauen in den Kühlschrank.
- ○ **Bereiten Sie so viel wie möglich vor:** Dazu gehört das Kochen und Backen geeigneter Gerichte und Beilagen, das Dekorieren von Kuchen, das Schneiden der Zutaten usw.

Am großen Tag

- ○ **Getränke und Salate:** Mischen Sie Ihre Cocktails (z. B. Bellini, Granita oder Daiquiri) mit Thermomix® und stellen Sie passend dazu Crushed Ice her. Rohkostsalate sind in Minuten fertig und können leicht im Stehen gegessen werden.
- ○ **Die letzten Handgriffe:** Stellen Sie die gebackenen Gerichte in den Ofen, nehmen Sie die Kuchen aus den Formen bzw. von den Blechen, machen Sie die Salate an und schneiden das Brot etc.
- ○ **Zünden Sie die Kerzen an und drehen Sie die Musik auf.**
- ○ **Entspannen Sie sich und genießen Sie Ihre Party.** Denken Sie daran, dass Ihnen Ihre Freunde gerne bei Kleinigkeiten helfen werden!

Mit Thermomix® wird's wow!

DAS AUGE ISST MIT

Mit Thermomix® lassen sich kompliziertere Rezepte ganz ohne Mühe kochen, die normalerweise eher Kochprofis gelingen, wie z. B. Sauce Hollandaise oder Zabaglione. Das verschafft Ihnen Zeit für die kleinen Extras, mit denen Sie Gäste beeindrucken können. Natürlich ist am Ende der Geschmack entscheidend und das Gericht soll so richtig lecker sein – aber eine schöne Optik gibt dem Ganzen oft noch den letzten Schliff.

GARNIEREN MIT DEN RICHTIGEN HELFERN

- **Anrichten in Gläsern**
  Klares, glattes Glas eignet sich gut zum Anrichten von Suppen, Salaten oder geschichteten Desserts. Denn so können die Gäste direkt die ganze Pracht des Gerichts bestaunen. Wenn das Glas auf einem Teller angerichtet werden soll, kann es mit einer kleinen Kugel Marzipan angeklebt werden.
- **Servierringe**
  Pürees, cremiges Gemüse, Rohkostsalate, Tatar oder Risotto lassen sich prima in einem Servierring anrichten und bleiben so schön in Form. Servierringe auf den Teller legen, das Ganze darin verteilen, mit einem Glas vorsichtig festdrücken und Ring abziehen. Besonders schön sieht das Gericht aus, wenn darauf noch Fleisch, Gemüse oder frische Kräuter drapiert werden.
- **Quetschflasche**
  Gekleckerte Sauce sieht auf einem Teller nicht besonders attraktiv aus. Eine Quetschflasche kann Abhilfe schaffen, denn mit ihr ist das genaue Dosieren ganz leicht: Einfach Sauce in die Flasche füllen, zudrehen und dann jeden Teller kleckerfrei dekorieren. Mit Tropfen, Strichen und Saucen in verschiedenen Farben zaubern Sie schnell kreative Kunstwerke auf den Teller!
- **Einfacher Esslöffel**
  Wer hätte gedacht, dass ein einfacher Esslöffel ein echter Dekohelfer sein kann? Mit seiner Rückseite können Sie einen Klecks Creme oder Püree hübsch verstreichen – z. B. gerade oder im Halbkreis. In der dabei entstehenden Aussparung können Sie Fleisch oder Gemüse anordnen.
- **Küchen-Pinzette aus Edelstahl**
  Wenn Sie richtig Eindruck machen möchten, nutzen Sie eine Küchen-Pinzette zum filigranen Türmen einzelner Blätter, Kräuter und Sprossen.
- Ein einfacher und wirkungsvoller Trick bei der Präsentation ist das Anrichten der Lebensmittel in die Höhe. Dabei kommen Servierring und Pinzette zum Einsatz, die Ihnen beim leckeren Hochstapeln helfen.

- Beträufeln Sie den Teller für mehr Farbe und Geschmack mit hausgemachtem Pesto, bevor Sie servieren.
- Suppeneinlagen wie gebratene Garnelen oder Hähnchenstreifen auf einen Holzspieß stecken und quer über den Teller legen.
- Für eine sterneverdächtige Suppenpräsentation lohnt es sich, getrennt aufzutischen: Einmal im Suppenteller die jeweilige Einlage in Szene setzen und die passende Brühe in einem separaten Glaskrug servieren.
- Wetten, dass unter Ihren Gästen auch echte Saucenliebhaber sind? Wenn Sie trotzdem Ihr Gericht auf dem Teller nicht in Sauce ertränken möchten, stellen Sie eine separate Sauciere auf den Tisch. So ist für Nachschlag gesorgt.
- Stellen Sie Filoteig-Körbchen aus drei quadratischen Filoteig-Blättern her, die Sie übereinander in ein gefettetes Muffinblech legen und 10 Minuten lang bei 200°C backen. Füllen Sie diese kurz vor dem Servieren mit Gemüse.

CLEVER GEMACHT MIT THERMOMIX®

Hier finden Sie eine kleine Übersicht von Rezepten, bei denen der Thermomix® TM6 eine echte Unterstützung ist und die richtig was auf dem Teller hermachen. Alle Rezepte finden Sie natürlich auf Cookidoo®:

- Emulgieren ist für den Thermomix® kein Problem. Wie wäre es mit einer Orangen-Hollandaise zu Weihnachtsgeflügel oder einer Zabaglione al Prosecco als Dessert?
- Nutzen Sie die Zeit, die Sie für ein Risotto mit Rühren beschäftigt wären doch lieber, um sich mit Ihren Gästen zu unterhalten. Denn der Thermomix® rührt für Sie das Risotto zur Perfektion – und das ganz alleine. Probieren Sie z. B. ein Trauben-Risotto mit Gorgonzola oder ein Risotto mit Spargel und Mangold.
- Für alle, die Brandteiggebäck gern essen, es aber bisher wegen der aufwendigen Teigzubereitung lieber gekauft haben, kommen jetzt gute Nachrichten: Mit Thermomix® gelingt der Brandteig ganz einfach. Überkochen und Anbrennen – Fehlanzeige! Und mit Rezepten wie Windbeutel mit Erbsenmousse oder Geeiste Schoko-Profiteroles werden Sie wahre Begeisterungsstürme ernten.
- Für gecrushtes Eis sind Sie bis jetzt immer zur Tankstelle gefahren? Die Zeiten sind vorbei: In Windeseile macht der Thermomix® aus Eiswürfeln Crushed Ice. Und das sieht so richtig schick aus im Cocktailglas.
- Apropos Eis: Auch Eismischungen für Milcheis oder ein edles Parfait werden auf der perfekten Temperatur gegart, ohne dass das Ei darin gerinnt. Tolle Desserts zum Beeindrucken sind z. B. das Pistazien- und Mandel-Eis oder das Kürbiskernparfait.

CREMIGE POLENTA MIT WILDKRÄUTERPARMESAN UND POCHIERTEM EI

Wild auf Kräuter? Bei diesem festlichen Rezept kommt das Beste zum Schluss on top: Parmesan mit frischen Wildkräutern – ein Highlight fürs Auge und den Gaumen. Die Polenta wird im Mixtopf cremig gerührt und mit Ziegenkäse verfeinert. Parallel dazu pochieren Sie 4 Eier – Tipps dazu im Rezept.

- 45 Min. · 45 Min.
- 4 Portionen
- Mittel
- Pro Portion: 252 kcal
- Polenta, Ziegenfrischkäse, Kräuter, Parmesan

FILETSTEAK MIT PFEFFER-SAUCE UND KNUSPER-KARTOFFEL-PÜREE

45 Min. | 1 Std.

4 Portionen

Mittel

Pro Portion: 1339 kcal

Rinderfiletsteaks Kartoffeln, grüner Pfeffer, Butter

Zart, saftig, wie vom Sternekoch gegart! So beeindruckend wie die Filetsteaks ist das ganze Menü, bei dem Thermomix® Sie professionell unterstützt. Als Clou gart das Fleisch im Varoma® im Dampf vor – über dem Püree. Und auch die Saucen gelingen wie alles andere im Mixtopf perfekt.

RISOTTO MIT GETROCKNETEN STEINPILZEN

Einfach rührend, wie gut Risottogerichte im Thermomix® fast ohne Ihr Zutun gelingen. Statt wie sonst am Herd auszuharren und den Kochlöffel zu schwingen, können Sie die Zeit sinnvoll nutzen. Zum Beispiel frische Pilze in Scheiben schneiden, mit Olivenöl anbraten und das Risotto damit garnieren.

15 Min. 45 Min.

4 Portionen

Mittel

Pro Portion: 444 kcal

getrocknete Steinpilze, Risottoreis, Parmesan, Weißwein

KAFFEE-SABAYON

Da werden die Gäste staunen: Ist die wirklich selbst gemacht? Zabaglione, in Frankreich Sabayon genannt, gilt nämlich als sehr heikel. Aber dank Thermomix®, der während der Zubereitung genau temperiert und gleichzeitig aufschlägt, ist die Weinschaumcreme eine Ihrer leichtesten Übungen!

5 Min. 10 Min.

4 Portionen

Mittel

Pro Portion: 140 kcal

Kaffeelikör, Weißwein, Eigelb

ZU WEIHNACHTEN

Machen Sie sich die Adventszeit schmackhaft: In der Weihnachtsbäckerei ist der Thermomix® ein echtes „Heinzelmännchen", das wiegt und mahlt, rührt und knetet, mischt und zerkleinert, kocht und backt … kurzum: Er nimmt Ihnen so viel Arbeit ab, dass Sie nach Marzipanstollen und Zimtsternen noch mit Freunden einen selbst gemachten Glühwein trinken können.

MARZIPAN-STOLLEN

- 30 Min. · 4 Std.
- 25 Scheiben
- Mittel
- Pro Scheibe: 315 kcal
- Mandeln, Rosinen, Hefe, Rum, Marzipan

ZIMTSTERNE

- 45 Min. · 1 Std. 30 Min.
- 60 Stück
- Mittel
- Pro Stück: 78 kcal
- Zucker, Zimtstangen, Mandeln

GLÜHWEIN

- 5 Min. · 15 Min.
- 10 Gläser
- Einfach
- Pro Glas: 169 kcal
- Zucker, Zimt, Rotwein

ZU OSTERN

Der Osterhase wird vor Freude über so viel tatkräftige Thermomix®-Unterstützung Luftsprünge machen. Und beim Osterbrunch nicht schlecht staunen, was dieser Tausendsassa alles kann: Eier färben und witzige Oster-Cake-Pops machen zum Beispiel. Oder eine frühlingsfrische Mango-Joghurt Torte zubereiten.

MANGO-JOGHURT-TORTE MIT FRISCHKÄSE

- 40 Min. · 10 Std.
- 16 Stücke
- Aufwendig
- Pro Stück: 477 kcal
- Butter, Zucker, Mehl, Gelatine, Frischkäse, Joghurt, Mangos, Pistazien

EIER GELB FÄRBEN

- 15 Min. · 2 Std. 30 Min.
- 7 Stück
- Einfach
- Pro Stück: 75 kcal
- Eier, Wasser, Kurkuma, Essig

OSTER-CAKE-POPS

- 1 Std. 10 Min. · 4 Std. 40 Min.
- 28 Stück
- Mittel
- Pro Stück: 157 kcal
- Zitronenschale, Mehl, Milch, Frischkäse, Kuvertüre

ZUM VERSCHENKEN

Machen Sie das Leben leckerer mit Thermomix®it yourself (TIY)! Denn Köstlichkeiten aus der eigenen Küche schenken pure Freude. Weitere Rezeptideen finden Sie auf Cookidoo®!

LEMON CURD

- 10 Min. · 1 Std.
- 2 Schraubgläser
- Einfach
- Pro Glas: 1105 kcal
- Zucker, Butter, Zitronen

KÄSE-KRÄCKER

- 15 Min. · 1 Std.
- 60 Stück
- Einfach
- Pro Stück: 43 kcal
- Käse, Mehl, Butter, Salz

MARSH-MALLOWS

- 20 Min. · 2 Std. 30 Min.
- 100 Stück
- Mittel
- Pro Stück: 18 kcal
- Zucker, Stärke, Gelatine, Vanilleschote

ZUM KINDERGEBURTSTAG

Hoch soll er leben, Ihr Thermomix®, denn mit Zitronenlimo, Kalter Kuh und Hot Dogs im Muffin-Style rocken Sie jede Kinderparty. Unsere Vorschläge sind nur drei von vielen weiteren Geburtstagsüberraschungen auf Cookidoo®, die Klein und Groß schmecken.

ZITRONEN-LIMONADE

5 Min. | 5 Min.

6 Gläser

Einfach

Pro Glas: 76 kcal

Zitronen, Wasser, Zucker

KALTE KUH

30 Min. | 5 Std. 45 Min.

16 Scheiben

Mittel

Pro Scheibe: 426 kcal

Weiße Schokolade, Zartbitter-Schokolade, Butterkekse, Kokosfett

HOT DOG MUFFINSTYLE

30 Min. | 2 Std.

12 Stück

Mittel

Pro Stück: 274 kcal

Hefe, Mehl, Olivenöl, Gewürzgurken, Ketchup, Senf, Frankfurter Würstchen

ERDBEER-SCHOKO-MILCHSHAKE

10 Min. 10 Min.

4 Gläser

Einfach

Pro Glas: 481 kcal

Sahne, Erdbeeren, Schokoladeneis, Milch

Mal ganz bewusst die Seele genüsslich baumeln lassen? Dann verwöhnen Sie sich und Ihre Lieben mit Soulfood. Unser Shake aus gefrorenen frischen Erdbeeren und Milch kombiniert mit Schokoeis und Schlagsahne ist ein Traum. Er schmeckt so toll, wie er aussieht – wie in einem amerikanischen Diner.

GIN-BASIL-SMASH

Happy Hour mit einem frischen Gin-Cocktail, für dessen Zubereitung Sie keinen Barkeeper brauchen, sondern nur den Thermomix® und ein Sieb. Einfach alle Zutaten im Mixtopf zerkleinern und danach durch ein Sieb abgießen. So bleiben die Basilikumreste im Sieb, aber Farbe und Geschmack sind im Drink! Ein Rezept für klassischen Zuckersirup oder Crushed Ice für weitere Cocktail-Variationen finden Sie auf Ihrem Thermomix® oder auf Cookidoo®.

10 Min. 10 Min.

4 Gläser

Mittel

Pro Glas: 300 kcal

Gin, Limettensaft, Zuckersirup, Basilikum

SEKTCOCKTAIL BELLINI

Sommer, Sonne, Bellini! Dieser Klassiker ist ein Garant für gute Laune im Glas. Geschälte weiße Pfirsiche, die Sie im Mixtopf pürieren, geben ihm eine tolle Frische – Sie können aber auch Dosenpfirsiche verwenden. Mit Mineralwasser statt Sekt wird daraus ein sonnengelber Drink für den Kindergeburtstag.

5 Min. 5 Min.

6 Portionen

Einfach

Pro Glas: 156 kcal

Pfirsiche, Zucker, Sekt

GEEISTER KAFFEESCHAUM

Ein schönes Plätzchen im Schatten und dazu diesen kühlen Italiener, das ist Dolce Vita! Die geeiste Erfrischung ist so einfach und schnell gemacht, dass Sie an heißen Tagen spontan nette Nachbarn auf einen „Spumone al caffè" einladen können. Für 4 Gläser die Zutaten einfach verdoppeln!

- 5 Min. 5 Min.
- 2 Gläser
- Einfach
- Pro Glas: 172 kcal
- Milch, Zucker, löslicher Kaffee

ERDBEER-LIMES

Eine Flasche mit Liebe verschenken, eine selbst behalten? Guter Plan, darum hier gleich ein Rezept für Erdbeer-Limes im Doppelpack. Tiefgekühlte Erdbeeren, Wodka und der Saft von Zitronen oder Limetten gehen hier eine innige Verbindung ein. Schmeckt am besten eiskalt und gut geschüttelt.

- 5 Min. 5 Min.
- 2 Flaschen (à 0,7 l)
- Einfach
- Pro Flasche: 696 kcal
- Erdbeeren, Wodka

PROBIEREN SIE AUCH ...

LONG ISLAND ICETEA

5 Min. 5 Min. 4 Portionen

Geeister Cola-Cocktail, der es mit Rum, Wodka, Gin, Tequila und Orangenlikör ganz schön in sich hat!

FROZEN SANGRIA (MALLORCA)

10 Min. 4 Std. 10 Min. 4 Gläser

Rotwein immer nur wohltemperiert? Legen Sie ihn doch mal mit Orangensaft und Kirschen auf Eis!

PURE SUNRISE

10 Min. 10 Min. 6 Gläser

So lässt sich der Sonnenaufgang feiern – mit einem paradiesisch fruchtigen Cocktail ohne Alkohol.

HEISSE SCHOKOLADE

5 Min. 10 Min. 4 Tassen

Ihr Schoko-Hot-Spot für kalte Tage – pur mit Milch und Schokolade oder nach Belieben aromatisiert!

EIS CRUSHEN

5 Min. 5 Min. 200 g

Aus Eiswürfeln macht der Thermomix® in wenigen Sekunden gecrushtes Eis für Cocktails & Co.

Karamell mit Thermomix®

Karamell auf traditionelle Art und Weise herzustellen, erfordert viel Geduld, Können und Erfahrung. Zucker und Wasser müssen mit der exakt richtigen Temperatur in der richtigen Zeit unter sorgfältiger Beobachtung zusammen erwärmt werden, ohne zu viel einzugreifen. Auch die Luftfeuchtigkeit am Zubereitungstag spielt eine Rolle – sie darf nicht zu hoch sein. Dann stehen die Chancen gut, dass ein köstliches goldbraunes Karamell entsteht. Mit Thermomix® wird die Kunst der Karamellherstellung für Sie ganz einfach. Durch die Steuerung von Zeit, Temperatur und Drehzahlstufe liefert er Ihnen jederzeit ein perfektes Ergebnis! Probieren Sie unsere karamelligen Ideen, die Ihre besonderen Anlässe noch süßer machen.

KARAMELL: GUT ZU WISSEN

Karamell ist nichts anderes als karamellisierter Zucker. Beim Erhitzen durchläuft der Zucker verschiedene Konsistenzen: einfacher Sirup, der für Eiscreme verwendet werden kann; krachendes Karamell, das gut für Lollis und Bonbons geeignet ist, helles oder bernsteinfarbenes Karamell zur Verzierung von Kuchen und dunkles Karamell zum Auskleiden der Form für einen Karamellflan. Je dunkler das Karamell, desto bitterer und härter ist es. Es gibt zwei traditionelle Arten, Karamell herzustellen: die nasse Methode, bei der Zucker mit einer Flüssigkeit zusammen gekocht wird, und die trockene Methode, bei der Zucker ohne Flüssigkeit karamellisiert wird. Für unsere Thermomix® Rezepte verwenden wir die nasse Methode, weil sie zuverlässigere Ergebnisse liefert.

TIPP | Zur Zubereitung von Karamell wird üblicherweise weißer Zucker verwendet. Sie können jedoch auch andere Zuckersorten nutzen, z. B. braunen Rohrzucker oder hell- oder dunkelbraunen Zucker. Diese Zuckersorten haben komplexere Aromen und Geschmacksrichtungen als weißer Zucker und ergeben ein geschmacksintensiveres, dunkleres Karamell.

Um ein Kristallisieren zu vermeiden, können bestimmte Zutaten zur Stabilisierung des Zuckers verwendet werden, z. B. Zitronensaft, Weinstein, Glukose, Läuterzucker, Honig oder Zuckerrübensirup. Manche haben Einfluss auf die Farbe, daher halten Sie sich an das Rezept, um ein perfektes Ergebnis zu erzielen.

ZUCKER KARAMELLISIEREN

Unsere Thermomix® Rezepte, in denen bei exakten, hohen Temperaturen Zucker karamellisiert wird, sind vielseitig und können mit anderen Rezepten kombiniert werden, um köstliche und umwerfende Desserts zuzubereiten.

KROKANT

Für die Herstellung von Krokant muss das „Hard Crack"-Stadium (harter Bruch; etwa 150°C) erreicht werden. Der gekochte Zucker wird dabei dunkelbraun und kracht beim Abkühlen. Wie dunkel der Krokant wird, hängt von der verwendeten Zuckersorte (braun oder weiß) ab. Besonders lecker wird der Krokant durch die Nüsse oder Samen, von denen Sie beliebig viel, je nach Geschmack, zugeben können. Suchen Sie sich selbst Ihren Favoriten aus.

TIPP | Wenn Sie die Nüsse oder Samen rösten, bekommt der Krokant ein besonderes Aroma.

BONBONS

Die leckeren Karamell-Bonbons sind im Vergleich zum Krokant weicher und cremiger. Zusammen mit Butter und Sahne entsteht eine weiche Mischung, die Sie selbst in die gewünschte Größe schneiden können. Nett verpackt in Bonbonpapier sind sie das perfekte Geschenk, um bei Ihren Freunden Eindruck zu machen.

TIPP | Variieren Sie die Bonbons nach Ihren Vorlieben. Wie wäre es z. B. mit Vanille-Karamell-Bonbons oder einer Variante mit Meersalz?

REZEPTE MIT HOHER TEMPERATUR

KARAMELLSAUCE

Mit Butter und Sahne verfeinertes Karamell bleibt flüssig und dick. Krönen Sie Alltagsdesserts mit dieser köstlichen Karamellsauce und machen Sie diese so zu einem Festessen. Die Sauce schmeckt auch gut als:

- Topping zu Pfannkuchen, Eiscreme, Eclairs oder Profiteroles,
- Füllung für Brownies, Cookies, Kuchen und Torten,
- Zutat für Karamellbuttercreme, Karamellmilchshake, salziges Karamelleis usw.

Als Variante können Sie Salz, gemahlenen Kardamom, Bourbon-Vanille oder Vanilleextrakt zu Ihrer Karamellsauce hinzufügen (lesen Sie die Tipps zu den Rezepten).

TIPP | TOFFEE-ÄPFEL
Legen Sie 6–8 kleine Äpfel (z. B. Gala) in eine große Schüssel und begießen sie mit kochendem Wasser. Dadurch wird die Wachsschicht gelöst und das Karamell haftet besser. Sorgfältig abtrocknen. Legen Sie ein Backblech mit Backpapier aus und stecken in jeden Apfel einen großen Holzspieß. Lassen Sie den letzten Schritt des Rezepts für Karamellsauce aus und tauchen jeden Apfel sofort in die heiße Karamellsauce. Legen Sie sie auf das vorbereitete Backblech und lassen sie vor dem Servieren trocknen.

NUSSKROKANT

Dieser einfache und knackige Nusskrokant kann mit verschiedenen Nüssen oder Saaten hergestellt werden. Wenn Röstaromen gewünscht sind, rösten Sie die Nüsse im Ofen oder in der Pfanne vor, bevor Sie diese verwenden. Sie können den Krokant über Desserts geben oder im Thermomix® hacken.

TIPP | KARAMELL-POPCORN
Legen Sie ein Backblech mit Backpapier aus und verteilen Sie 150 g gesalzenes Popcorn darauf. Geben Sie ½ TL Backnatron in das heiße Karamell, rühren Sie mit dem Spatel um und gießen Sie es sofort über das Popcorn.
Mischen Sie es mit dem Spatel und verteilen es auf dem Backblech. Vor dem Servieren abkühlen lassen.

HONEYCOMB – SÜSSE HONIGWABEN

ZUTATEN

Karamellisierter Zucker und Honig geben diesem in Australien und England sehr beliebten Rezept seinen einzigartigen Geschmack. Backnatron ist das Geheimnis seiner luftigen Struktur. Die Herstellung macht Spaß und Kinder lieben es, dabei zuzuschauen. Ausprobieren lohnt sich!

SO FUNKTIONIERT'S!

Geben Sie Zucker, Wasser und Honig in den Mixtopf und beginnen Sie mit der Zubereitung.

TIPP | Sie können den Honig durch Zuckerrübensirup ersetzen.

In dieser Zeit legen Sie eine quadratische Backform (17 cm) mit Backpapier aus. Halten Sie Backnatron bereit. Wenn die Kochzeit endet, streuen Sie sofort das Backnatron um das Mixmesser, damit es sich gleichmäßig

das Mixmesser, damit es sich gleichmäßig verteilt. Rühren Sie das Natron mit dem Spatel unter, dabei wird die Mischung luftig. Füllen Sie diese sofort in die vorbereitete Backform. Lassen Sie die Mischung bei Zimmertemperatur vollständig abkühlen und brechen Sie sie dann in Stücke. Sie können damit z. B. Cremes, Puddings, Eiscreme oder Torten toppen.

TIPP | Bewahren Sie Honeycomb in einem luftdichten Behälter auf und verbrauchen Sie es innerhalb von ein paar Tagen, bevor es zu kleben beginnt. Wenn Sie es länger aufbewahren möchten, überziehen Sie es vollständig mit Schokolade.

Wichtige Informationen für alle Karamellrezepte

- Gehen Sie vorsichtig mit dem heißen Karamell um!
- Reinigen Sie das Gerät sofort, nachdem Sie das jeweilige Rezept beendet haben mit dem Modus „Vorspülen". Wenn Karamell im Mixtopf abkühlt und hart wird, füllen Sie den Mixtopf mit heißem Leitungswasser und lassen Sie ihn stehen, bis sich das Karamell aufgelöst hat. Dann wie gewohnt reinigen.
- Feuchtigkeit ist der schlimmste Feind des Karamells. Bewahren Sie Karamellbonbons in einem luftdichten Behälter an einem kühlen Ort auf, um die Aufnahme von Feuchtigkeit zu verhindern – und brauchen Sie sie am besten immer so schnell wie möglich auf.

HONEYCOMB

- 10 Min.
- 1 Std. 30 Min.
- ca. 40 Stück
- Mittel
- Pro Stück: 32 kcal
- Honig, Zucker, Backnatron

Honeycomb ist eine honigsüße Karamell-Spezialität aus Australien. Ihren Namen verdankt sie der Ähnlichkeit mit einer Bienenwabe. Die typischen Waben-Bläschen entstehen durch einen Trick: In das heiße Karamell aus weißem und braunem Zucker wird einfach etwas Natron gerührt!

KARAMELL-BONBONS

30 Min. 2 Std.

75 Stück

Mittel

Pro Stück: 37 kcal

Zucker, Sahne, Butter, Zitronensaft

Schluss mit den ollen Kamellen: Sie können jetzt sahnig leckere Karamell-Bonbons selber machen. Die Grundzutaten sind Zucker, Sahne und Butter, die bei hoher Temperatur im Mixtopf karamellisiert werden. Die „Toffees“ sind hübsch verpackt auch ein tolles Geschenk!

KROKANT

Knusper, knusper, knäuschen! Krokant ist ein geradezu himmlisches Knuspergebäck, das aus festem Karamell mit Nüssen besteht – und Sie können es jetzt einfach selbst herstellen. Variieren Sie nach Belieben Zuckersorte und Nüsse. Brauner Zucker bringt eine angenehme, leicht bittere Note.

Exklusiv für **TM6**

- 10 Min. 1 Std. 30 Min.
- 30 Stücke
- Mittel
- Pro Stück: 51 kcal
- Zucker, Butter, Zitronensaft, Nüsse

Gewusst wie… *richtig zerkleinern und dampfgaren*

Zerkleinern

Verwenden Sie diese Tabelle als Leitfaden für das Zerkleinern Ihrer Zutaten. Die Menge an Zutaten kann an die von Ihnen benötigte Menge angepasst werden. Bei einigen Zutaten (z. B. Nüssen) erzielen Sie ein gleichmäßigeres Ergebnis, wenn Sie diese in mehreren kleineren Portionen zerkleinern, anstatt einfach die Menge zu erhöhen.

GEMÜSE UND OBST

LEBENSMITTEL	MENGE	ZEIT/STUFE	TIPPS UND TRICKS
Möhren, Rüben oder Rettich	100–180 g, in Stücken (4 cm)	**3–4 Sek./Stufe 5**	
	200–450 g, in Stücken (4 cm)	**4–6 Sek./Stufe 5**	
	500–700 g, in Stücken (4 cm)	**5–7 Sek./Stufe 5**	
Kartoffeln und Süßkartoffeln	200–500 g, in Stücken	**4–7 Sek./Stufe 5**	• Die Dauer hängt von der Art der Kartoffelsorte ab
	600–800 g, in Stücken	**5–10 Sek./Stufe 5**	
Kohl (weiß/blau), fein	200–400 g, in Stücken	**6–8 Sek./Stufe 5**	
Kohl (weiß/blau), grob	200–400 g, in Stücken	**2–4 Sek./Stufe 5**	
Äpfel	100–300 g, geviertelt	**2–3 Sek./Stufe 4,5**	
	350–600 g, geviertelt	**3–4 Sek./Stufe 4,5**	
Pflaumen, mittlerer Reifegrad	200–300 g, geviertelt	**3–5 Sek./Stufe 4,5**	
	350–600 g, geviertelt	**4–6 Sek./Stufe 4,5**	
Birnen, Nektarinen, Aprikosen, mittlerer Reifegrad	200–300 g, geviertelt	**3–5 Sek./Stufe 4,5**	
	350–600 g, geviertelt	**4–6 Sek./Stufe 4,5**	

KRÄUTER UND GEWÜRZE

LEBENSMITTEL	MENGE	ZEIT/STUFE	TIPPS UND TRICKS
Frische Kräuter (z. B. Petersilie, Koriander, Salbei, Thymian, Minze)	5 g, abgezupft	**3–4 Sek./Stufe 6**	• Das beste Ergebnis erzielen Sie mit getrockneten Kräutern.
	10–25 g, abgezupft	**4–6 Sek./Stufe 6**	
	30–40 g, abgezupft	**5–9 Sek./Stufe 6**	
Dill	5–40 g, abgezupft	**4 Sek./Stufe 8**	• Wenn Sie noch kleiner hacken möchten: mit dem Spatel nach unten schieben und erneut zerkleinern **2 Sek./Stufe 8.**
Rosmarin	5–30 g, abgezupft	**10 Sek./Stufe 8,** mit dem Spatel nach unten schieben, dann erneut **5 Sek./Stufe 8,** falls erforderlich	• Der Feuchtigkeitsgehalt von Rosmarin variiert.
Knoblauch	1 Zehe	**2 Sek./Stufe 8**	
	10–20 g	**3 Sek./Stufe 8**	
	25–70 g	**3 Sek./Stufe 5**	
	100 g	**3–5 Sek./Stufe 5**	
Zwiebel	30–70 g, halbiert	**3–4 Sek./Stufe 5**	• Große Zwiebeln geviertelt.
	100–200 g, halbiert	**4 Sek./Stufe 5**	
	220–350 g, halbiert	**4–5 Sek./Stufe 5**	
	400–500 g, geviertelt	**5–6 Sek./Stufe 5**	
Pfefferkörner, grob	10 g	**10 Sek.–1 Min./Stufe 10**	
Gewürze	20 g	**20–60 Sek./Stufe 9**	• Die Mahldauer hängt von den verwendeten Gewürzen ab.

FLEISCH UND GEFLÜGEL

LEBENSMITTEL	MENGE	ZEIT/STUFE	TIPPS UND TRICKS
Rind	300 g, in Stücken (3 cm), angefroren	**10–13 Sek./Stufe 8**	• Um ein einheitliches Ergebnis zu erzielen, schneiden Sie das Fleisch in gleich große Stücke. • Das beste Ergebnis erzielen Sie, wenn das Fleisch nach 60 Minuten im Gefrierschrank angefroren ist.
	500 g, in Stücken (3 cm), angefroren	**13-16 Sek./Stufe 8**	
Schwein	300 g, in Stücken (3 cm), angefroren	**8–10 Sek./Stufe 6**	
	500 g, in Stücken (3 cm), angefroren	**12–14 Sek./Stufe 6**	
Geflügel (weißes Fleisch)	300 g, in Stücken (3 cm), angefroren	**5–6 Sek./Stufe 6**	
	500 g, in Stücken (3 cm), angefroren	**7–8 Sek./Stufe 6**	
Lamm	300 g, frei von Sehnen, in Stücken (2-3 cm), angefroren	**10–13 Sek./Stufe 8**	

SCHOKOLADE UND NÜSSE

LEBENSMITTEL	MENGE	ZEIT/STUFE	TIPPS UND TRICKS
Nüsse (z. B. Mandeln, Haselnüsse), grob	100 g	**3–5 Sek./Stufe 6**	
	200–300 g	**4–6 Sek./Stufe 6**	
Nüsse (z. B. Erdnüsse, Cashewkerne), grob	100–200 g	**3–6 Sek./Stufe 5**	
	300 g	**2–5 Sek./Stufe 5**	
Nüsse (z. B. Walnüsse, Pecannüsse), grob	100 g	**2–6 Sek./Stufe 4**	
	200 g	**3–7 Sek./Stufe 4**	
	300 g	**1–3 Sek./Stufe 5**	
Nüsse (z. B. Walnüsse, Pecannüsse), fein	100 g	**4–6 Sek./Stufe 6**	
	150–250 g	**5–7 Sek./Stufe 6**	
Nüsse (z. B. Mandeln, Haselnüsse, Cashewkerne, Erdnüsse), fein	100 g	**6–8 Sek./Stufe 7**	
	150–250 g	**6–10 Sek./Stufe 7**	
Dunkle Schokolade, grob	70–200 g, in Stücken	**3–4 Sek./Stufe 7**	• Bei dicken Schokoladentafeln/Stücken, wählen Sie die längere Zeit und hängen nach Bedarf noch 1–2 Sekunden an.
	250–300 g, in Stücken	**4–5 Sek./Stufe 7**	
Vollmilchschokolade, grob	70–100 g, in Stücken	**3–4 Sek./Stufe 6**	• Bei dicken Schokoladentafeln/Stücken, Stufe 7 verwenden.
	150–200 g, in Stücken	**4 Sek./Stufe 6**	
	250–300 g, in Stücken	**4–5 Sek./Stufe 6**	
Weiße Schokolade, grob	70–200 g, in Stücken	**2–3 Sek./Stufe 7**	• Bei dicken Schokoladentafeln/Stücken, wählen Sie die längere Zeit und hängen nach Bedarf noch 1–2 Sekunden an.
	230–300 g, in Stücken	**4 Sek./Stufe 7**	
Dunkle Schokolade, fein	70–200 g, in Stücken	**10–12 Sek./Stufe 8**	
	250–300 g, in Stücken	**12–15 Sek./Stufe 8**	
Vollmilchschokolade, fein	70–200 g, in Stücken	**6–7 Sek./Stufe 8**	
	250–300 g, in Stücken	**7–9 Sek./Stufe 8**	
Weiße Schokolade, fein	70–200 g, in Stücken	**6–8 Sek./Stufe 8**	
	250–300 g, in Stücken	**8–9 Sek./Stufe 8**	

SONSTIGE

LEBENSMITTEL	MENGE	ZEIT/STUFE	TIPPS/VARIANTEN
Getrocknete Hülsenfrüchte (z. B. Kichererbsen, Linsen, Bohnen)	100 g	**20–50 Sek./Stufe 10**	• Das beste Ergebnis erzielen Sie, wenn Sie immer nur 250 g auf einmal mahlen. Wenn mehr Mehl benötigt wird, wiederholen Sie den Vorgang in Chargen von bis zu 250 g. • Die Dauer hängt von der Art der Hülsenfrüchte ab.
	150–250 g	**30–60 Sek./Stufe 10**	
Getreidekörner (z. B. Weizen, Roggen, Dinkel, Buchweizen, Hirse)	100 g	**10–50 Sek./Stufe 10**	• Getreidekörner können grob (Schrot) oder sehr fein gemahlen werden (Mehl). Je länger die Mahldauer, desto feiner das Mehl. • Das beste Ergebnis erzielen Sie, wenn Sie immer nur 250 g auf einmal mahlen. Wenn mehr Mehl benötigt wird, wiederholen Sie den Vorgang in Chargen von bis zu 250 g.
	150–250 g	**15–60 Sek./Stufe 10**	
Reis	100–150 g	**1–1 Min. 30 Sek./Stufe 10**	
Brötchen, grob	100 g frisch, in Stücken (3 cm)	**3–10 Sek./Stufe 6**	• Sie können jede Art Brot verwenden. • Sie können vor dem Zerkleinern Kräuter oder Knoblauch zum Brot geben. • Paniermehl, das aus frischem Brot hergestellt wird, muss im Gefrierschrank aufbewahrt werden.
Brötchen, fein	100 g frisch oder altbacken, in Stücken (3 cm)	**7–20 Sek./Stufe 7**	
Mohn	100–250 g	**30 Sek./Stufe 9**	
Sesam	100–150 g	**6–10 Sek./Stufe 9**	• Verwenden Sie ungeschälten Sesam für feines Mehl und geschälten Sesam für Sesampaste.
	160–200 g	**9–15 Sek./Stufe 9**	
Kaffeebohnen	100–250 g	**1 Min./Stufe 9**	
Puderzucker (weiß, braun und dunkelbraun)	100 g	**11–14 Sek./Stufe 10**	• Das beste Ergebnis erzielen Sie, wenn Sie in Mengen von 100–200 g mahlen.
	150 g	**15–18 Sek./Stufe 10**	
	200 g	**17–20 Sek./Stufe 10**	
Käse, mittelfest (z. B. Gruyère, Emmentaler)	70–300 g, in Stücken (2-3 cm)	**5–14 Sek./Stufe 7**	
Parmesan (oder anderer Hartkäse)	50–70 g, in Stücken (3 cm)	**10 Sek./Stufe 10**	• Vor dem Zerkleinern Rinde entfernen.
	100–250 g, in Stücken (3 cm)	**12–20 Sek./Stufe 10**	
Crushed Ice	200-550 g Eiswürfel	**3-8 Sek./Stufe 5**	• Die Dauer hängt von der Größe der Eiswürfel und vom gewünschten Ergebnis ab. • Die Menge der Eiswürfel kann erhöht werden, solange die 1-Liter-Marke im Mixtopf nicht überschritten wird.

Dampfgaren

Verwenden Sie diese Tabelle als Leitfaden für die Dampfgarzeiten und passen Sie die Mengen und Zeiten nach Ihren Wünschen an. Die Garzeiten hängen von der Menge, Qualität, Temperatur und Größe der Zutaten ab. Zur Verlängerung der Garzeit über 30 Minuten hinaus, geben Sie pro weitere 15 Minuten 250 g Wasser dazu. Vergewissern Sie sich, dass ein paar Dampfschlitze im Varoma®-Behälter und Varoma®-Einlegeboden frei bleiben und dass der Varoma®-Deckel ordentlich geschlossen ist.

Geben Sie 500 g Wasser in Zimmertemperatur oder Brühe in den Mixtopf und dämpfen Sie mit der angegebenen **Zeit/Varoma®/Stufe 1**.

GEMÜSE

LEBENSMITTEL	MENGE	ZEIT	ZUBEHÖR	TIPPS/VARIANTEN
Möhren	200–500 g, in Scheiben (5 mm)	**18–24 Min.**	Gareinsatz	
	550–800 g, in Scheiben (5 mm)	**25–30 Min.**	Varoma®	
	300–1200 g, dünn, ganz	**25–30 Min.**	Varoma®	
Pastinaken	200–500 g, geschält, in mundgerechten Stücken	**10–15 Min.**	Gareinsatz	• Um ein einheitliches Ergebnis zu erzielen, schneiden Sie die Pastinaken in gleich große Stücke.
	600–1000 g, geschält, in mundgerechten Stücken	**15–20 Min.**	Varoma®	
Kohlrabi, Rüben oder Rettich	200–600 g, in Stücken (2–3 cm)	**18–25 Min.**	Gareinsatz	
	700–1000 g, in Stücken (2–3 cm)	**24–30 Min.**	Varoma®	
Brokkoliröschen	250 g	**11–15 Min.**	Gareinsatz	
	400–800 g	**15–22 Min.**	Varoma®	
Blumenkohlröschen	300 g	**15–20 Min.**	Gareinsatz	
	400–900 g	**20–25 Min.**	Varoma®	

GEMÜSE

LEBENSMITTEL	MENGE	ZEIT	ZUBEHÖR	TIPPS/VARIANTEN
Kohl	300 g, in Streifen (1–2 cm)	**10–15 Min.**	Gareinsatz	
	400–800 g, in Streifen (1–2 cm)	**13–18 Min.**	Varoma®	
Spargel	800 g	**23–35 Min.**	Varoma®	• Zeit hängt von der Dicke der Stangen ab.
Paprika	100–300 g, in Stücken (1,5 cm)	**10–14 Min.**	Gareinsatz	
	400–800 g, in Stücken (1,5 cm)	**12–15 Min.**	Varoma®	
Champignons	100–300 g, ganz	**10–15 Min.**	Gareinsatz	
	400–500 g, ganz	**15 Min.**	Varoma®	
	200–300 g, geviertelt	**10–12 Min.**	Gareinsatz	• Große Pilze achteln.
	400–500 g, geviertelt	**13–15 Min.**	Varoma®	
Erbsen	200–500 g, TK	**15–18 Min.**	Gareinsatz	
	600 g, TK	**18–22 Min.**	Varoma®	
Kartoffeln, neu, klein	600 g	**30–35 Min.**	Gareinsatz	
	700–1200 g	**35–40 Min.**	Varoma®	
Kartoffeln und Süßkartoffeln	200–600 g, in Stücken (2–3 cm)	**17–30 Min.**	Gareinsatz	
	700–1000 g, in Stücken (2–3 cm)	**20–35 Min.**	Varoma®	
Porree	200–400 g, in Ringen	**15–20 Min.**	Gareinsatz	
	500–800 g, in Ringen	**20–25 Min.**	Varoma®	
Staudensellerie	200–400 g, in Stücken (2 cm)	**20–25 Min.**	Gareinsatz	
	500–800 g, in Stücken (2 cm)	**25–30 Min.**	Varoma®	
Knollensellerie	200–450 g, in Stücken (2–3 cm)	**13–17 Min.**	Gareinsatz	
	500–800 g, in Stücken (2–3 cm)	**20–25 Min.**	Varoma®	
Grüne Bohnen	200–300 g, in Stücken (3–5 cm)	**15–25 Min.**	Gareinsatz	
	400–800 g, ganz	**15–30 Min.**	Varoma®	

LEBENSMITTEL	MENGE	ZEIT	ZUBEHÖR	TIPPS/VARIANTEN
Fenchelknollen	200–400 g, geviertelt	**18–25 Min.**	Gareinsatz	
	500–800 g, geviertelt	**27–30 Min.**	Varoma®	
	100–400 g, in Scheiben (1 cm)	**15–20 Min.**	Gareinsatz	
	500–800 g, in Scheiben (1 cm)	**18–25 Min.**	Varoma®	
Spinat, frisch	500 g	**10–12 Min.**	Varoma®	• Maximal 500 g.
Zucchini	200–500 g, halbiert, dann in Scheiben geschnitten (1 cm)	**14–19 Min.**	Gareinsatz	
	600–800 g, halbiert, dann in Scheiben geschnitten (1 cm)	**20–25 Min.**	Varoma®	

OBST

LEBENSMITTEL	MENGE	ZEIT	ZUBEHÖR	TIPPS/VARIANTEN
Äpfel	200–400 g, geviertelt	**10–22 Min.**	Gareinsatz	• Die Garzeit hängt von Art und Reife der Äpfel ab. • Für die doppelte Menge legen Sie den Varoma®-Einlegeboden ein und fügen weitere 500 g dazu.
	500 g, geviertelt	**12–25 Min.**	Varoma®	
Birnen	200–400 g, geviertelt	**10–16 Min.**	Gareinsatz	• Die Garzeit hängt von der Art und Reife der Birnen ab.
	500–800 g, geviertelt	**15–20 Min.**	Varoma®	
	200–400 g, halbiert	**13–18 Min.**	Gareinsatz	
	500–800 g, halbiert	**18–23 Min.**	Varoma®	
Aprikosen	300–400 g, halbiert	**9–12 Min.**	Gareinsatz	• Die Garzeit hängt von Art und Reife der Aprikosen ab. • Für die doppelte Menge setzen Sie den Varoma®-Einlegeboden ein und fügen weitere 500 g dazu.
	500 g, halbiert	**10–15 Min.**	Varoma®	
Pfirsiche	300–450 g, halbiert	**8–12 Min.**	Gareinsatz	• Die Garzeit hängt von Art und Reife der Pfirsiche ab. • Für die doppelte Menge setzen Sie den Varoma®-Einlegeboden ein und fügen weitere 500 g dazu.
	500 g, halbiert	**10–15 Min.**	Varoma®	
Pflaumen	200–400 g, halbiert	**7–10 Min.**	Gareinsatz	• Die Garzeit hängt von der Art und Reife der Pflaumen ab.
	500 g, halbiert	**12–14 Min.**	Varoma®	
Rhabarber	300–450 g, in Stücken (1,5–2 cm)	**8–18 Min.**	Gareinsatz	• Die Garzeit hängt von Art und Reife des Rhabarbers ab. • Um Kompott zu machen, bestreuen Sie 400 g Rhabarber im Gareinsatz mit 80 g Zucker und garen ihn ohne Messbecher (um ein Verkochen zu vermeiden) 13–18 Minuten. Für die doppelte Menge nehmen Sie den Varoma®-Behälter und garen 17–20 Minuten. Geben Sie den gegarten Rhabarber in eine Schüssel, geben Sie die Kochflüssigkeit darüber und lassen ihn abkühlen.
	500–800 g, in Stücken (1,5–2 cm)	**12–22 Min.**	Varoma®	
Ananas	200–400 g, in Dreiecken (5 mm dick)	**10–15 Min.**	Gareinsatz	• Die Garzeit hängt von Art und Reife der Ananas ab. • Für eine größere Menge setzen Sie den Varoma®-Einlegeboden ein und fügen weitere 400 g dazu.
	500 g, in Dreiecken (5 mm dick)	**15–20 Min.**	Varoma®	

LEBENSMITTEL	MENGE	ZEIT	ZUBEHÖR	TIPPS/VARIANTEN
Bananen mit Schokoladenherz	2 Bananen	**12 Min.**	Varoma®	• Machen Sie einen tiefen Schnitt oben in die Banane und schieben 1–2 Stück Schokolade hinein.
Papaya	1 kleine Papaya, halbiert	**10–15 Min.**	Varoma®	• Für die doppelte Menge setzen Sie den Varoma®-Einlegeboden ein und fügen eine weitere halbierte Papaya dazu.

FISCH UND MEERESFRÜCHTE

LEBENSMITTEL	MENGE	ZEIT	ZUBEHÖR	TIPPS/VARIANTEN
Fischfilets (z. B. Lachs, Zander, Barsch, Königsdorsch, Schnapper)	2-3 Stück (à 150 g), 2-2,5 cm dick	**12–18 Min.**	Varoma®-Behälter	• Für gefrorenen Fisch erhöhen Sie die Garzeit um 5 Minuten • Wenn Sie 5 Stücke Fisch zubereiten, geben Sie 2 Stücke in den Varoma®-Behälter und 3 Stücke auf den Varoma®-Einlegeboden.
	5–6 Stück (à 150 g), 2-2,5 cm dick	**12–18 Min.**	Varoma®-Behälter und Varoma®-Einlegeboden	
Muscheln in der Schale	500 g	**15 Min.**	Varoma®-Behälter	• Geben Sie die Muscheln in den Varoma®-Behälter. Wenn die Stufe Varoma® erreicht ist, setzen Sie den Varoma® auf und garen die Muscheln.
	1000 g	**23 Min.**	Varoma®-Behälter	
Garnelen, groß, mit Schale und Kopf	10 Stück (à 40 g)	**9–11 Min.**	Gareinsatz	• Die Garnelen sind gar, wenn sie sich komplett pink gefärbt haben. Für gefrorene Garnelen erhöhen Sie die Garzeit um 2 Minuten.
	12 Stück (à 40 g)	**11–16 Min.**	Varoma®-Behälter	
Ganze Fische (z. B. Forelle, Dorade, Zander, Barsch, Brasse, Schnapper)	2 (à ca. 440 g)	**15–17 Min.**	Varoma®-Einlegeboden	
	4 (à ca. 440 g)	**17–20 Min.**	2 im Varoma®-Behälter und 2 im Varoma®-Einlegeboden	

FLEISCH

LEBENSMITTEL	MENGE	ZEIT	ZUBEHÖR	TIPPS/VARIANTEN
Fleischbällchen	500 g (Ø 3-4 cm)	**24–27 Min.**	Varoma®-Behälter	
	1100 g (Ø 3-4 cm)	**24–27 Min.**	500 g im Varoma®-Behälter und 600 g im Varoma®-Einlegeboden	
Hähnchenbrustfilet	3 Stück (ca. 500 g)	**25 Min.**	Varoma®-Behälter	• Legen Sie größere Filets in den Varoma®-Behälter und kleinere auf den Einlegeboden.
	6 Stück (ca. 800 g)	**25 Min.**	2 im Varoma®-Behälter und 4 im Varoma®-Einlegeboden	
Putenschnitzel	3 Stück (ca. 600 g)	**15–25 Min.**	1 im Varoma®-Behälter und 2 im Varoma®-Einlegeboden	• Stellen Sie sicher, dass einige Dampfschlitze frei bleiben, damit der Dampf zirkulieren kann.
Frankfurter Würstchen	6 Stück	**10–15 Min.**	Varoma®-Behälter	• Die Garzeit hängt von der Dicke der Würstchen ab.
	12–14 Stück	**10–15 Min.**	6 im Varoma®-Behälter und 6–8 im Varoma®-Einlegeboden	
Schweinefilet	500 g, halbiert	**25 Min.**	Varoma®-Behälter	• Legen Sie größere Schnitzel in den Varoma®-Behälter und kleinere auf den Einlegeboden. • Stellen Sie sicher, dass einige Dampfschlitze frei bleiben, damit der Dampf zirkulieren kann.
	1500 g, halbiert	**30 Min.**	500 g im Varoma®-Behälter und 1000 g auf dem Varoma®-Einlegeboden	
Rinderfilet	500 g, am Stück	**12–30 Min.**	Varoma®-Behälter	• Stellen Sie die Garzeit auf die von Ihnen bevorzugte Garstufe des Fleischs ein (länger, wenn das Fleisch ganz durch sein soll). • Für eine köstlich braune Kruste braten Sie das Filet nach dem Dampfgaren scharf in einer sehr heißen beschichteten Pfanne an und lassen Sie es dann ca. 10 Minuten in Alufolie ruhen.

Alphabetischer Index

A

B

Bunte Gemüsenudeln mit Pesto ... 130
Burger-Brötchen ... 163
Bürli mit Roggen ... 150

C

D

E

F

G

H

I

J

K